U0780827

上海市"十三五"老年教育教材

生活中的
金融知识

老年教育读本

解丹阳 周志坚／主编

立信会计出版社
LIXIN ACCOUNTING PUBLISHING HOUSE

图书在版编目(CIP)数据

生活中的金融知识：老年教育读本 / 解丹阳主编.
—上海：立信会计出版社，2018.10
ISBN 978－7－5429－5982－9

Ⅰ．①生… Ⅱ．①解… Ⅲ．①金融—中老年读
物 Ⅳ．①F83－49

中国版本图书馆 CIP 数据核字(2018)第 231009 号

策划编辑　蔡伟莉　何颖颖
责任编辑　何颖颖
封面设计　南房间

生活中的金融知识——老年教育读本

出版发行	立信会计出版社		
地　　址	上海市中山西路 2230 号	邮政编码	200235
电　　话	(021)64411389	传　　真	(021)64411325
网　　址	www.lixinaph.com	电子邮箱	lxaph@sh163.net
网上书店	www.shlx.net	电　　话	(021)64411071
经　　销	各地新华书店		

印　　刷	上海天地海设计印刷有限公司
开　　本	710 毫米×1000 毫米　　1/16
印　　张	14.25
字　　数	212 千字
版　　次	2018 年 10 月第 1 版
印　　次	2018 年 10 月第 1 次
印　　数	1—5100
书　　号	ISBN 978－7－5429－5982－9/F
定　　价	36.00 元

如有印订差错，请与本社联系调换

编委会成员

编委会主任

夏　瑛　费晓娴

编委会成员

（按姓氏笔画为序）

刘　政　李学红　余　嘉　张　社
张　捷　周志坚　姚　岚　倪永培
崔懿帆　程轶瑶　解丹阳

序

　　我们中国,自古以来就是一个在人际交往中"羞于谈钱"的国家。"金钱"这个词在相当长的历史时期中被"异化"甚至"丑化"。基于这样一种文化传统,我国针对公众的金融教育普及比较薄弱,公众对于金融知识的了解严重不足。其中,老年人作为金融服务的特殊群体,由于对新事物认知能力不足,金融素质水平相对更落后于金融业的发展和年轻人群体。

　　据调查,老年群体金融知识相对匮乏,特别是在"互联网＋"时代,金融创新眼花缭乱,老年人对投资理财、金融支付工具使用、金融风险防范的学习需求亟待满足。在现代社会,金融在我们每个人的生活中如影随行。老年人掌握一些基本的金融知识,运用金融的专业视角和思维方式去分析和应对生活中的各种金融现象和实际问题,是十分重要的生存技能。在终身学习型社会里,对老年人而言,掌握必要的生活金融知识尤为重要。因此,针对老年群体的金融知识普及教育,显得相当迫切,面临巨大挑战。

　　为积极应对社会需求,在上海市教委终身教育处指导下,由宝山区教育局牵头,上海立信会计金融学院继续教育学院、中国银行上海分行宝山支行、宝山区老年大学、上海市老年教育教学研究指导中心共同合作开发了针对老年朋友的公益性的金融知识普及读本《生活中的金融知识——老年教育读本》，为老年人讲解基本金融常识、现代投资理财知识和新型金融工具的使用，帮助他们树立起科学、理性、独立的投资理财理念，树立正确的风险意识，防范涉老金融诈骗，合理规划晚年生活，享受精彩人生。

全书内容共分理财规划、投资理财、消费信用、出国金融和诈骗防范五篇，主要介绍了：个人理财规划的知识；银行、保险和证券行业金融理财产品的知识；网上银行、手机银行、支付宝和微信银行等"互联网＋银行"的知识；外汇兑换、境外汇款、出境消费退税、海淘等出国金融的知识；以及常见金融风险的识别和防范。读本根据老年人的阅读特点，在形式上，做到通俗易懂、深入浅出，确保老年人轻松入门，易学易行；在内容上，突出基础性和完整性，既有对老年人需要的金融知识的一般概述，也有对老年人金融典型案例的介绍等。通过对读本的学习，老年人能够系统地掌握基本的金融知识。

衷心希望这个读本能对老年朋友有所帮助，令老年人银发理财，乐享生活。

（作者为上海市教育委员会副主任）

目　　录

第五篇　诈骗防范篇

第一篇

理财规划篇

【导语】 每个人都希望自己拥有一个美好的人生,日常生活中每个人都会接触到理财的事情,然而不同的财商决定着不同的生活质量。理财其实是一种理念,更是一种积极的生活态度和生活方式。它是指通过对财富的管理,实现收入的最大化。理财,通俗地说就是平衡现在和未来的收支,规避风险和灾害损失,提升生活水平。老年人理财的真正目的和意义就是为了充实晚年生活,给自己创造一个学习的机会。老年人理财不宜过分冒险,适可而止就好。老年人可通过学习个人理财,改变自己的生活方式,了解理财的基本知识,达到提高生活水平的目的,更合理地规划生活。

第一章

个人生涯理财规划

知识要点

1. 个人理财是指在对个人经济状况进行分析的基础上,根据个人的收入来源、资产分配、负债情况以及对风险的偏好等,通过储蓄、证券交易、不动产投资、购买保险或收藏等多种途径合理安排个人财务资金,从而实现个人资产增值的最大化。

2. 个人理财的作用:合理安排现在和未来的收支、科学提高生活水平与质量、增强抵御风险和灾害能力。

3. 老年理财的正确观念:保守稳健、轻松理财;量入为出、终身理财;合理规划、科学投资。

生活金融案例

孙先生的老年理财规划

孙先生,55岁,是一家机械公司的高级工程师。经过工作多年,孙先生现在每月收入是1.2万元。孙先生的太太已经退休,每月拿养老金3 000元。孙先生目前的身体状况还算可以,听说延迟退休的政策已经出来,预计对自己暂时影响不大。但是考虑到自己和老伴的养老问题,孙先生也想对未来的养老做一些规划。目前,孙先生家庭有一套自有住房,市场价值为350万元。另外有资金90多万元,还有一些股票,目前价值15万元左右,入市后目前亏损3万元。理财师建议孙先生增加投资的比例。对于孙先生这样的家庭,两口子有一人已退休,另外一人还有5年也要退休,期间的工资收入,假如一年能积攒下10万元的话,则还有约50万元的收入。加起来,除股票外,大约有140万元的现金资产。这部分资金,建议要进行适当的投资增值,才能让今后的养老有所保障。

案例分析

在全民理财的时代,中老年人也浩浩荡荡地加入了理财行列。但是,中老年人吃亏上当、血本无归的新闻报道频频出现,那么中老年人应该如何安全地进行个人投资理财呢?中老年人理财要"稳妥、稳健、稳准"。中老年人理财的风险承受能力一般较弱,因此首先要考虑本金的安全,在本金安全的基础上再去追求相对高收益的产品。不要轻信高收益,不要贪图小便宜,不要投资不熟悉的产品。

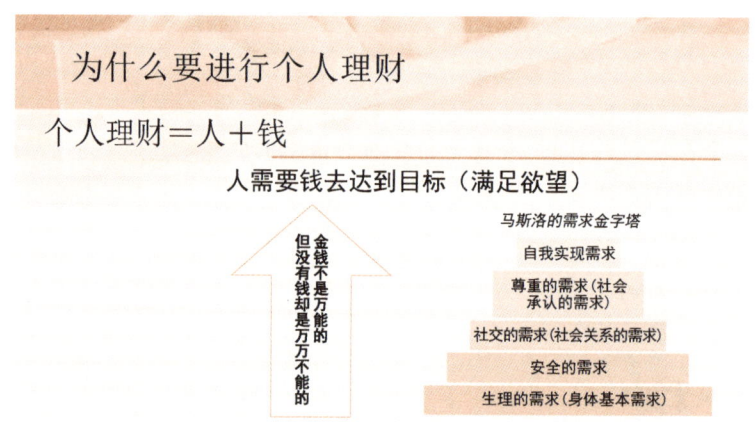

图1-1　为什么要进行个人理财

个人理财的定义

个人理财是指制订合理利用财务资源、实现个人人生目标的程序。

——美国理财师资格鉴定委员会

个人理财又称个人财务规划,是指为了实现个人的人生目标而制定、安排、实施和管理的一个各方面总体协调的财务计划的过程。

——中国理财标准委员会

个人理财,应建立在对个人经济状况进行分析的基础上,根据个人的收入来源、资产分配、负债情况以及对风险的偏好等,通过储蓄、证券交易、不动产投资、购买保险或收藏等多种途径合理安排个人财务资金,从而实现个人资产增值的最大化。

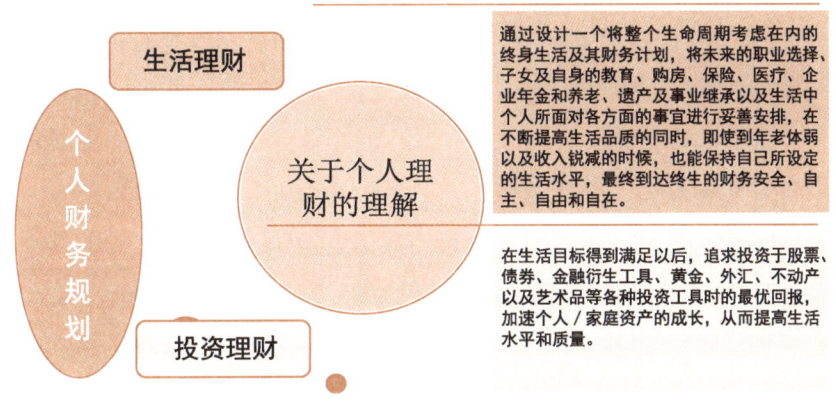

图 1-2 个人财务规划

个人理财是针对整个一生而不是某个阶段的规划,它包括个人生命周期每个阶段的资产、负债分析,现金流量预算和管理,个人风险管理与保险规划,投资目标确立与实现,职业生涯规划,子女养育及教育规划,居住规划,退休计划,个人税务筹划及遗产规划等多个方面。

舒伯生涯发展理论

一个企业有生命周期,一种产品有生命周期,一个人的生涯阶段发展也有阶段周期。每个人的生涯发展过程各不相同,但有共同的规律可循。舒伯多年来对生涯的发展、测评、自我观念、适应、成熟等领域做过大量、深入的研究,系统提出了有关生涯发展的理论。舒伯认为可以根据年龄将每个人生阶段与职业发展配合,且每个阶段各有不同的发展任务。

成长阶段:由出生至 14 岁。该阶段由孩童开始发展自我概念,开始以各种不同的方式来表达自己的需要,经过对现实世界的不同尝试来修饰自己的角色。

探索阶段:15 岁至 24 岁。该阶段是青少年通过学校活动、休闲活动、社会实践、兼职工作等机会,对自我能力及角色、职业做探索的时期,逐步形成自我概念和职业概念。

建立阶段:25 岁至 44 岁。该阶段主要表现为尝试后确定职业选择与决定是否正确,确定职业生涯中属于自己的位子,随后努力经营,并固定下来。

维持阶段:45 岁至 65 岁。人们在该阶段维持自己既有的成就与地位,同时会面对新的人员的挑战。这一阶段里,由于前期的工作经验积累,人们在某一工作领域逐渐取得了相当的地位,但此时体力与心理能力逐渐衰退,工作活动将会改变,工作中创新性意识减退而风险意识不断增强。

衰退阶段:65 岁以上。人们在该阶段由于生理及心理机能日渐衰退,工作速度减慢,不得不面对现实,从积极参与变为逐步隐退。

生命周期理财理论

生命周期理财概念是生命周期、人力资本、长期资产负债管理等概念的综合,基本的理念是在以科学的方法管理和评估生命价值的同时,把个人的福利问题放在重要的位置上予以高度关注。1920 年,S. S. Huebner(侯百纳)提出了生命价值概念,他提出人是最宝贵的资产,人寿保险保单可以实

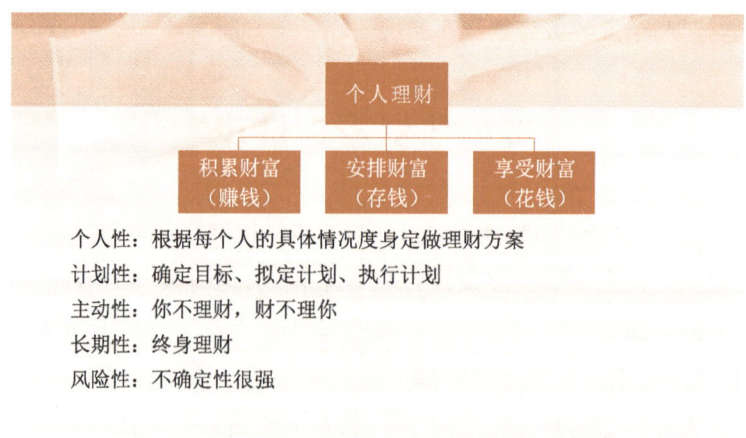

图 1-3 个人理财的内容和特征

现生命价值的资本化;要从个人投资者的终身储蓄和消费出发充分考虑个人在储蓄和投资方面的弱点。人的生命周期分为三个阶段:第一阶段是人力资本的积累阶段,父母的资金用于投资子女的教育,也即是上一代的金融资本投资于下一代的人力资本的阶段;第二阶段是人力资本转化为金融资本的阶段,社会人运用自己的工作技能和学习能力投入社会工作,在实现自我价值的同时从社会获取金融资本;第三阶段是金融资本的兑现阶段,即参加社会工作的人成为退休人员后,依靠积累的金融资产生活的阶段。人生不同阶段的理财规划是迥然不同的,个人理财产品的设计和理财业务的开展要充分考虑生命周期的不同阶段,提供个性化的个人理财服务,制订科学的人生理财规划,合理地安排消费信贷,量身定制投资组合,有效保证个人生活的安全幸福。

人生不同阶段的理财目标

按照生命周期发展的规律,可以把个人职业发展分为职业探索期、职业建立期、职业稳定期、职业维持期和职业衰退期五类。

职业探索期(15~24岁)以完成学业为主要目标,以父母家庭为生活重心,以"零用钱"为主要的收入方式。这一时期的人多处于单身并且处于资金积累的阶段,这些年轻人薪资收入不高,资金的积累不多,掌握的资金不够充裕,但是用于学习、交友、追求时尚、购房、购车、旅游等的消费支出很大。因此,短期筹措资金的需求量大,投资管理金融资产的愿望不强,但他们大多掌握较前沿的知识和技能,学习能力强,财富增长潜力较大,是未来个人理财市场的主要营销对象。提供存取款业务、发放小额贷款以及办理信用卡业务是他们需求的重点,他们以活期存款为主要投资工具。

在职业建立期(25~34岁),人们将从职场新人成长为独立贡献者,进入择偶结婚或有学前子女阶段,应该实行理财操作,"从第一笔收入、第一份薪资开始"。此时是储备财富的好时机。理财应该从开源节流与资金有效运用上双管齐下,因为抗风险的能力最强,他们以活期存款、股票投资、基金定投为主要投资工具,购买保险产品以寿险和储蓄险为主,若决定拥有自己的住房,就要制订储备购房首付款计划。家庭若无小孩,可采取高获利的组合投资,有小孩的家庭宜采取稳健及寻求高获利的投资策略。

在职业稳定期(35~44岁),人们经过了多年的职场历练,事业方面处于稳定上升阶段,收入相对增加,生活开销也渐增,子女上小学或中学,理财活动以偿还房贷和筹集教育基金为主,投资工具为自用房产和股票基金,还应该增加养老保险,理财投资宜采取组合的方式。若有了房贷的负担,家庭负担者收入的持续性相当重要,可负担的话最好投保失能险以及房贷寿险。

在职业维持期(45~60岁),人们此时工作经验丰富,进入中高级管理层,若走专业发展路线,也已建立专业声誉,这是最具有投资力的年龄层。此时房贷已基本还清,子女上大学的费用是主要的经济支出。最重要的理财目标是为自己及配偶准备退休金。由于投资能力强,可进行多元化的投资组合,包括存款、债券、股票、房地产投资、艺术品投资等。应增加医疗险及投资型保险。

在职业衰退期(60岁以后),人们已进入退出职场的阶段,以传承经验做名誉顾问等形式参与社会活动。子女已成家立业,到了离巢的时期,教育费、生活费减少,退休前也已积累了一定数目的财物,此时的理财目标是医疗、保险项目和退休基金。投资应注重安全性高的保守产品,理财目标采取"守势",若投资于高风险的项目,一旦失利,就会影响晚年生活。

理 财 模 式

保守型:适合收入水平不高、积蓄资金不多、家庭负担比较重、抗风险能力比较弱的群体,如工作不稳定的失业家庭和步入退休年龄的家庭。要尽量减少投资带来的风险,以保障家庭生活的正常运行为主要理财目标。从而应该以银行储蓄、国债为首选,风险较小的金融理财品种是比较好的选择。

稳健型:适合经济基础较好、工资收入来源稳定并有一定的成长性,有一定的风险承受能力的群体,如已到中年的职业家庭。积蓄资金要以稳定收益和风险防范为原则,将银行储蓄和金融投资综合考虑,主要的家庭资金放在银行中做储蓄为主,少部分可以投入资本市场,进行股票和外汇的投资,尝试少量的家庭风险型理财,这样可得到较好的回报。

积极进取型:适合经济实力较强,闲置资金较多,收入获得丰裕,有较强的抗风险能力的群体,如职业白领、企业高管阶层,以及达到城市中产阶级的家庭,理财的主要目标可以设定为获取高收益回报型,在金融理财上可以以债券、股票、基金等投资性风险型金融产品为主。

冒险型:适合生活负担较轻,拥有闲置资金,财务目标期望较高、较大,风险的承受能力较强,期望获得短期高回报收入的群体,如正处于创业期的青年人。高风险投资是年轻无负担,具有冒险精神以期获得高额投资收益者的运作特点,投资理财可以选择较高风险级别的股票、期货、基金等组合金融品种。

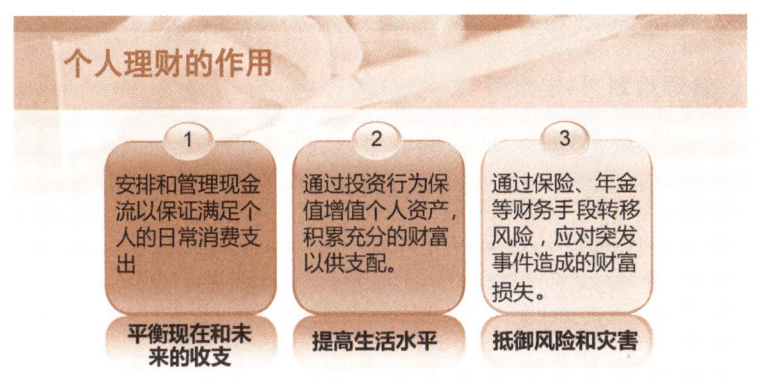

图 1-4　个人理财的作用

老年人理财的正确观念

随着我国理财市场的发展和老龄化社会的来临,老年人已经成为理财大军中不可忽视的一个特殊群体。老年人理财首先要立足于合理的规划,安排好自己当下的日常生活,将自己的资产科学配置,从而保障自己和家人能够有一个安心健康的生活。其次是建立一个终生的理财规划,使自己的现金流有充足的渠道,让自己和配偶生活得无忧无虑,不需要为了生计而工作,达到退休后的生活能够享受财务自由的境界。

一、保守稳健、轻松理财

对于进入工作衰退期的老年人来说,生命的健康和轻松快乐的生活是十分重要的。投资理财应该采用保守的理财模式,合理地安排保证生活开支的预算,把余钱和闲钱谨慎分配,充分地考虑投资的风险,从容淡定地面对资本市场的价格波动以及收益得失。此外,切记不要轻信他人,贪图小便宜,盲目地为他人提供经济担保,增加不可预测的风险。

二、量入为出、终身理财

老年人收入增长下降而意外支出需求会增加,这就要求老年人立足自己的生活实际,提高持有资金的流动性。我国理财市场的发展十分迅速,新的理财方式和理财产品更新更快,需要不断地加强学习,更新知识,梳理科学、理性的理财观念和掌握一些专业技能,确保已有的财富价值的保值增值。

三、合理规划、科学投资

处在人类生命周期特殊阶段的老年人,投身理财市场、参与理财活动不仅十分必要而且十分重要,同时,老年人理财具有独特的风险收益偏好,要实现有效理财,在理财中需要科学制订理财规划,合理制订现金收支预算,主动建立健全理财账簿,积极构建理财资产组合和选择合理、科学的投资理财方式。

老年人如何理财

老年人理财重点只在于一个字,"稳"。现在社会老龄化形势日益严峻,使得一对中年夫妇要赡养两对老人,并抚养下一代,任务变得更加艰巨了。很多老人希望能自己打理自己的财产,不给子女增加负担,所以老年人也有了"以钱生钱"的投资需要。

首先,老年家庭的投资之道应当优先考虑投资安全,以稳妥收益为主,目前投资方式虽多,但并不是只要投资就有钱赚。老年人一生辛苦赚的钱,如果投资一大笔金额,一旦损失,对老年人的影响比较大,所以老年人要特别注意投资的安全性,不可乱投资。客观来看,老年人不太适合投资风险大的产品。

其次,灵活运用投资策略。对于储蓄存款,当预测利率要走低时,则存期应长些,以锁定你的存款在未来一定时间里的高利率空间;反之,当预测利率要走高时,则在存期上应短些,以尽可能减少届时在提前支取转存时导致的利息损失。除了存款外,老年家庭也应该进行一些小额债券投资,国债、利率较高的金融债券应是老年家庭投资的主要工具。

再次,老人投资股票要适可而止。身体条件较好,经济较宽裕,有一定的时间和足够的精力,具有金融投资理财知识和心理承受能力的人比较适合投资股票。买卖股票是一种风险投资,它可以让人获取高收益,但也会让人损失惨重,老人可以试试拿一部分钱来投资,但是比例不能太高。

最后,考虑老年家庭的投资组合比例时,退休时的净值金额亦应为考量因素之一。以退休年龄来看,55 岁退休,股票投资的比例可提高些;65 岁才退休,储蓄和国债的比例应占 85% 以上,股票投资比例可为 15%。这样的投资组合既是老年人可以接受的范围,也能使钱渐渐变多,并有助于老年人身心健康,不至于承担过大压力。

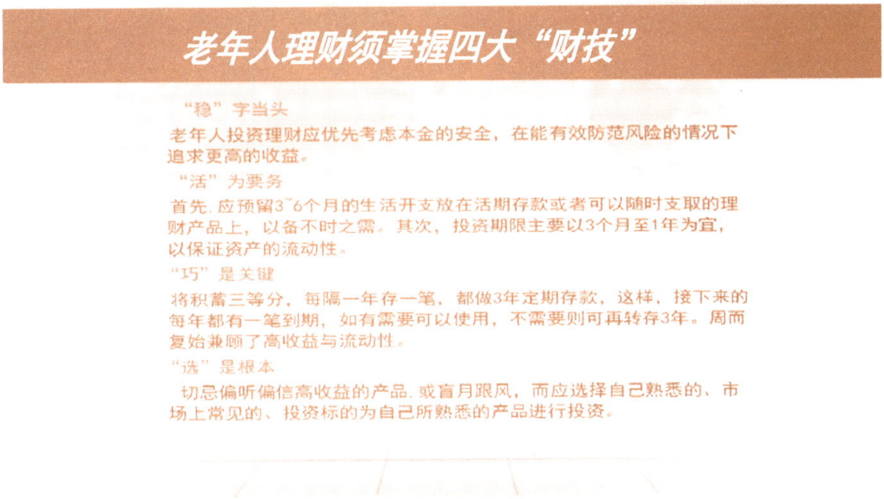

老年人理财须掌握四大"财技"

"稳"字当头
老年人投资理财应优先考虑本金的安全,在能有效防范风险的情况下追求更高的收益。

"活"为要务
首先,应预留3~6个月的生活开支放在活期存款或者可以随时支取的理财产品上,以备不时之需。其次,投资期限主要以3个月至1年为宜,以保证资产的流动性。

"巧"是关键
将积蓄三等分,每隔一年存一笔,都做3年定期存款,这样,接下来的每年都有一笔到期,如有需要可以使用,不需要则可再转存3年。周而复始兼顾了高收益与流动性。

"选"是根本
切忌偏听偏信高收益的产品,或盲目跟风,而应选择自己熟悉的、市场上常见的、投资标的为自己所熟悉的产品进行投资。

图 1-5 老年人理财需掌握四大"财技"

复习思考题

1. 老年人处在人生理财生命周期的什么阶段？具有怎样独特的风险收益偏好。要实现科学合理理财目标，老年人在理财中需要重点把握好哪些原则？

2. 老年人理财与年轻人理财有什么区别？

第二章

个人理财规划的内容

知识要点

1. 投资组合的合理选择和基本原则。

2. 个人理财规划包括:现金规划、储蓄规划、消费信贷、金融投资规划、房地产投资规划、保险规划、教育规划、退休规划和遗产规划。

3. 个人理财的步骤包括:明确个人现在的财务状况;了解理财偏好;设定理财目标;进行战略性资产分配和实施理财方案;根据市场、个人及家庭的需求变化情况,调整理财目标和理财工具与产品的配置组合。

4. 适合老年人理财的主要产品与工具:储蓄存款、国债、货币市场基金、银行理财产品、保险。

生活金融案例

鸡蛋不能放在一个篮子里

老张退休后,觉得生活既悠闲自在又空虚无聊,十分的矛盾。以前工作匆匆忙忙,责任和使命感十足,现在赋闲在家,没有价值感更不创造价值。走过证券公司门口,他忽然感觉到人生职业生活的第二个春天到来了,这是非常适合他的既工作又轻松的场所,于是,他取出所有的积蓄投入股海之中。这些年来,股市一直不景气,总是没有牛市到来,钱被套得牢牢的,他觉得生活好累好累。

案例分析

在理财投资中,切记不要把所有的鸡蛋放在一个篮子里,拼一次成败。

要尽量做到多元化投资,将风险分散,这样才是合理科学的理财方式。中老年人在个人投资理财过程中,应该注意通过分散投资来降低理财过程中的风险。举例来说:如果投资保本类或固定收益类产品,可以选择存款、国债、货币基金、银行理财、信托等;如果投资浮动收益产品可选择股票、股票型基金、混合型基金、阳光私募等。

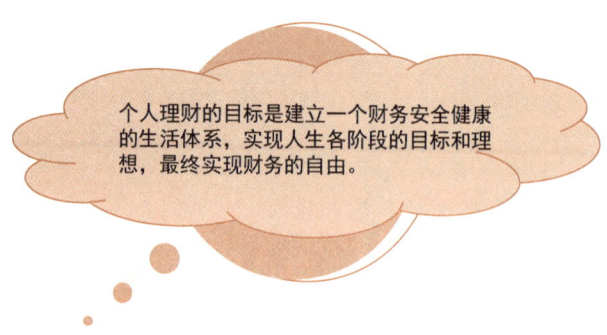

个人理财的目标是建立一个财务安全健康的生活体系,实现人生各阶段的目标和理想,最终实现财务的自由。

图 2-1　个人理财的目标

随着金融理财理念的普及深化,规划好个人及家庭的财富成为一种健康的生活态度。然而,有些人一听到哪个理财产品预期收益率高,哪只股票是优质潜力股,就很爽气地把积蓄全部投进去,期待着有一个不错的回报。这样做是风险很大的,一旦遇到市场变化,可能会遇到较大的风险和严重的损失,兼顾收益与风险,建立一个稳定、平衡的理财组合,是投资理财中的明智之举。

投资组合理论

美国经济学家 Harry M. Markowitz(哈里. M. 马克威茨)《证券组合选择》一文的发表,拉开了现代证券组合管理理论的大幕。Markowitz 对风险和收益进行了量化,确定了最佳资产组合的基本模型。他提出经过投资组合后投资方案会在"风险—收益"中得到平衡,也就是说既能规避一定的风险,又能够取得一定的收益。该模型直接引发了多因素投资组合分析方法在投资实践领域的广泛运用。现代投资组合理论主要由证券组合理论、资本资产定价模型、有效市场理论等组成。该理论体系的发展改变了投资者过去传统的投资管理,改变投资分析只注重预期收益的研究,使投资管理活动向收益与风险的二维化衡量发展,使现代投资管理系统化、数量化、科学化。随着我国市场经济的不断推进,市场规模不断扩大,投资品种及投资主体也日益多样化,进行任何投资都会存在一定的风险,要避免过度集中在某一个项目上,也就是"不能把所有的鸡蛋放在同一个篮子里"。我国国民长期以来的理财观念是银行储蓄存款,而这样的方式只能保证资金的安全,达不到保值和增值的效果;另外一些有投资意识的国民把大量资金投入股市,以图谋取大额获利,这些都不是科学的理财方式。投资组合在个人投资理财上也可发挥投资决策的科学性,避免随意性,提高投资效益。

如何合理选择投资组合

一般来说,根据投资组合实施时所依据的主要条件的不同,投资组合可以分为三种方式,即投资工具组合、投资比例组合、投资时间组合。

一、投资工具组合

投资工具组合即投资者在进行投资项目选择的时候,不是把所有的资金都投入一种产品项目中,而是通过多项组合的方式将资金划分为若干部分,通过选择不同的金融投资工具,在不同的领域中分别投资。

市场环境不同,投资的工具不同,所产生的风险程度也会有着不同,有的时候甚至是天差地别的。例如,在中国人民银行把利率上调时,银行的储蓄存款收益率就会调高,投资风险非常小;而在股票证券交易市场则可能面临着股价下跌的风险,相对来说收益率降低,甚至还会出现收益负数的情况。当国家把银行利率向下调时,银行的储蓄投资的利率风险将会增大,利息收益相对降低。此时,股票证券交易市场则可能产生另一番景象,股价可能出现大幅上涨的趋势,收益率将获得空前提高。

二、投资比例组合

投资比例组合是指投资者平衡数量和资金的比例,在实际投资时使用不同投资工具,使投资项目、投资数量、投资金额上存在着一定的比例关系。

由于投资工具的不同,其风险和收益水平、流动性、对收益的期望也不同;同时,由于投资者风险承受能力不同,对风险的偏好也有着差异,选择投资工具时不能孤注一掷,组合的比例就有所不同。

三、投资时间组合

投资时间组合即投资者根据自己的资金使用情况,将资金分次分批,采取长期投资、中期投资和短期投资相结合的方式,有计划地进行投资。一般情况下,不同投资工具在期限上应是长期、中期、短期相结合。例如,处于45～50岁这个年龄阶段的人,孩子成年了,家庭负担减轻且家庭略有储蓄,可以采用存款、保险、理财产品和房产相结合的模式。

当然,不同的投资模式和投资组合分别反映不同的投资目标层次。事实上,在实际理财投资的操作过程中,选择各种投资工具以及投资的比例并没有什么统一标准和严格的限定,投资者也没有必要"高大全"地去尝试每一种投资产品和采用每一种投资工具。投资者应该根据自己的实际财务情况和理性的理财目标,选择适合自己的投资组合,科学地在降低风险的衡量标准下,增加或提高收益水平。

生活金融案例

保守安全型投资组合

王女士家庭属于工薪阶层,工资收入稳定,理财偏好追求资金安全,在保障生活的前提条件下,希望能够获得保障型的结余收益。

王女士应该选择保守安全型投资组合,此类投资组合具有市场风险较低,投资收益十分稳定的特点,可选择资金流动性较好的投资工具。

保守安全型的投资组合模式正金字塔形结构的。即投资三分法,七二一型家庭资产配置,各种投资的资金分配比例大约为:储蓄、保险方面的资金投资安排为70%左右(银行储蓄投资占60%,家庭保险类投资占10%),债券投资安排可以设定为20%左右,其他类投资为10%左右。储蓄和保险投资收益非常平稳,风险较小,不能收回本金的可能性极小。这两种投资工具是金字塔里稳固、坚实的塔基,保障了家庭正常的生活,即使在其他投资一旦遭受损失的情况下,也可使个人正常生活不被危及。

投资组合应遵守的四大原则

一、资金原则

在投资市场中,资金丰厚、富裕的投资者可以选择那些风险较大的投资工具,这样做高风险高收益,有机会通过投资获得较高的回报,即使投资失利遭受损失,对于自己的工作、家庭和生活也不会产生多大影响;相反,资金薄弱,较少的投资者,特别是生活来源不稳定,积攒资金很辛苦的群体,非常不适合那些风险较大的投资工具,因为这样投资一旦失利,就会给生活带来重大的影响,更应该选择稳定的、风险较小的投资组合。

二、时间原则

投资不仅仅是资金的简单投入,还需要充分考虑投资上的时间因素,投资收益是需要时间过程的。资金的使用是有时间价值的,投资时间的长短与投资的方式和目的都有着密切的联系。一年以上的不准备随时变现的投资,比如住房等不动产投资,长期债券投资等,通过较长时间的持有获得较高的收益的,即是长期投资。变现能力较强,以在较短时间内获取收益为目的,持有时间不超过一年的有价证券或其他投资,即是短期投资。

三、能力原则

各种投资工具和金融产品有着各不相同的特点,需要投资者投入精力和时间去研究和学习,一分耕耘一分收获,特别是在现代资讯和数据信息迅猛发展的时代,投资者的知识越丰富,技能越高超,就有越多的获利机会,同时要牢记一点,即投资组合中的工具应选择自己比较熟悉、力所能及的。

四、心理原则

心理承受能力也是投资者需要关注的重要因素,抗压能力、情绪控制力强的人,一般能够比较冷静笃定地处理投资中所出现的波折与成败,不会因为一时的投资变动情况而沮丧抑郁或得意忘形,可以选择风险比较高,相对收益也高的投资项目;与之相反,心理承受能力弱的人,对待投资会有压力大、调整情绪的能力较弱等特点,这样的人不适合选择风险较高的投资项目,因为担心失败和成果得失会严重影响生活质量,很难做到平衡好投资和生活的关系。

个人理财规划的概念及内容

个人理财规划又称私人理财规划,是在对个人收入、资产、负债等数据进行分析整理的基础上,根据个人对风险的偏好和承受能力,结合预定目标运用现金、储蓄、保险、证券、外汇、收藏、住房投资等多种手段管理资产和负债,合理安排资金,从而在个人可以接受的风险范围内实现资产增值最大化的过程。

一、现金规划

现金规划是为满足个人或家庭短期需求而进行的对日常的现金及现金等价物及短期融资活动进行管理和安排的过程,即为维持日常生活需要而持有现金的短期需求,可以用流动性较强的现金来解决满足,而对于未来的或者计划中的需求则通过在银行中的短期存款储蓄或短期投资、借款工具来安排满足。现金规划的目的在于确保有足够的资金来支付计划中和计划外的费用。为满足计划外现金消费,紧急备用金的提留一般为月支出的3~6倍为宜。现金规划有助于提高资金利用率。总而言之,持有现金是为了满足流动性的需要。对于金融资产来说,流动性和回报率通常是呈反方向变化的。现金具有很高的流动性,现金的机会成本在金融资产里一般被看作是进行活期储蓄的所得。如果你持有现金,就意味着你放弃收益,因此要在资本的流动性和收益之间进行权衡。

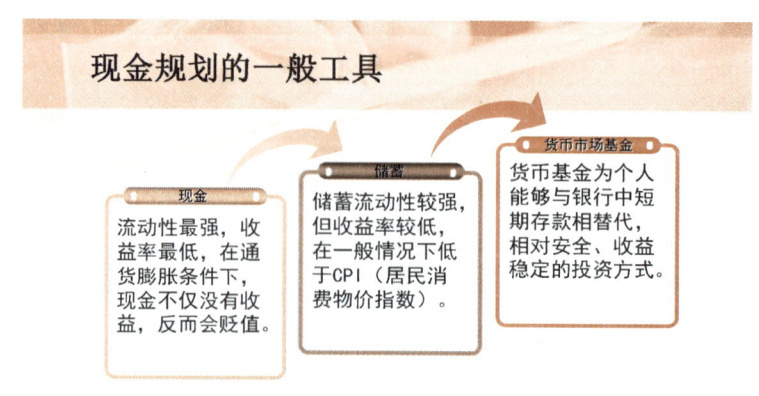

图2-2 现金规划的一般工具

二、储蓄规划

作为最传统的投资理财方式,储蓄是一项高流动性、固定收益的低风险投资,它不但能缓冲财务危机,还能为实现未来的财务目标积累资金。储蓄是所有理财手段的基础,也是一个人自立的基础。它来源于计划和节俭,是一个人自立能力、理财能力的最初体现,也是最基本的检验。个人及家庭储蓄的原因主要包括为不测事件建立储备金,为自己的老年积累基金,为保证家属的生活或为了其他某一具体目的储备资金等。储蓄规划要遵循留足支付日常开支的现金,建立理财目标,储蓄优先,连续性和长期性,利率比较的原则。

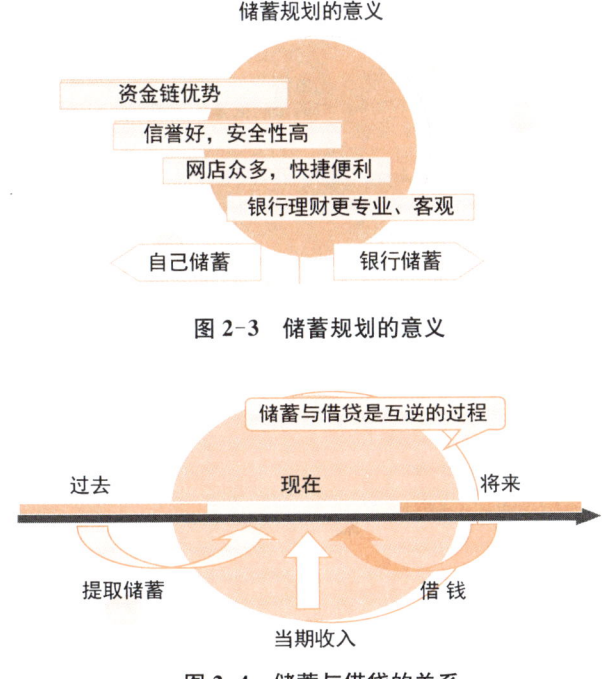

图 2-3　储蓄规划的意义

图 2-4　储蓄与借贷的关系

三、消费信贷

消费信贷是个人和家庭用于满足个人消费需求(房产抵押贷款例外)的信用贷款,与企业信贷增值创利的目的完全不同。消费信贷是银行或其他金融机构、商业企业对消费者个人提供的资金借贷,主要用于支持消费者去购买价值较高的商品,如家具、家电、汽车等耐用消费品,房屋不动产和其他各种劳务。消费信贷是当期得到现金、商品和服务,在将来支付有关费用的一种安排(不包括住房信贷),它以消费者未来的偿还能力为放款基础保障,通过信贷服务方式分期收取利息和本金,提前预支消费能力,满足个人当期的消费需求,账单到期时支付借款。

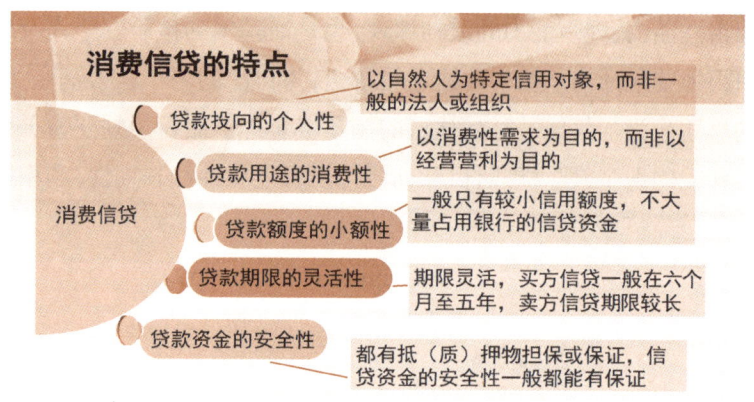

图 2-5　消费信贷的特点

四、金融投资规划

为未来收入货币而奉献当前的货币,金融投资是指根据个人理财目标和可投资资源,以及风险承受能力的实际情况来确定有效投资方式的一系列投资的组合分析和管理。影响投资规划的因素有宏观环境、市场波动、投资新产品的出现、个人投资目标的高低等。金融投资的种类繁多,包括股票投资、债券投资、基金投资、期货投资、外汇投资、黄金投资、银行理财产品等。

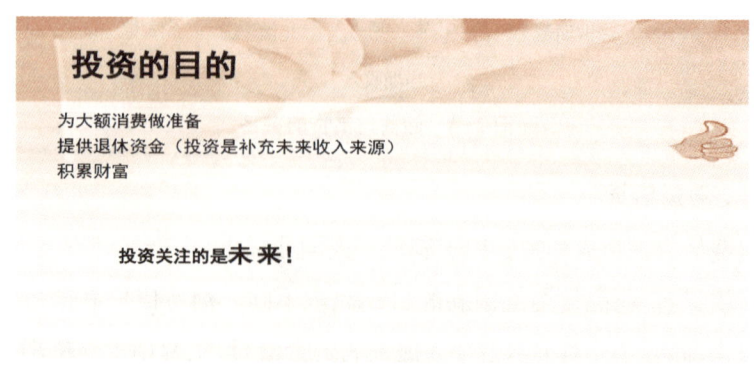

图 2-6　投资的目的

五、房地产投资规划

房地产投资是以获得房产期望收益为目标,通过将货币资本购买转换为房屋不动产的经营性投资活动。房地产投资的优点主要是,房地产是一种长期的、保值增值能力较强的耐用消费品,对通货膨胀的抗制能力较强,价值相对稳定并且具有能够不断升值的优势。购房规划应该考虑的首要问题是衡量自己的负担能力,然后还要考虑购房所要支付的相关税费。

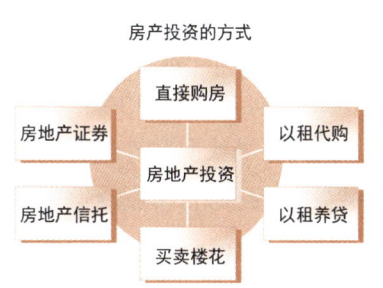

图 2-7　房产投资的方式

六、保险规划

保险是一种以经济保障为根本诉求的金融制度安排,它通过数理预测,对不确定是否会发生的事件以合同安排的形式收取一定额度的保险费用,

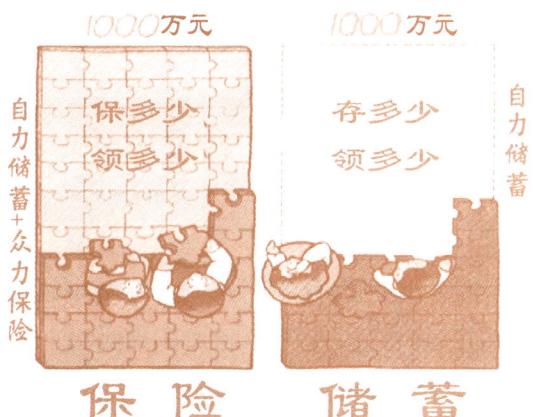

保险也是一种储蓄的方式。所不同的是,储蓄只能"存多少,领多少",除了利息别无保障。而保险却是"保多少,领多少",一旦在储蓄期间发生事故,将可获得完全的保障。无论存了多少钱,都可以领回预期储蓄的金额(保额),既然要储蓄,何不利用兼具保障功能的储蓄方式——保险。

图 2-8　保险与储蓄

从而建立保险基金。一旦发生意外事件,由大多数人来分担少数人的损失,按照保险投缴时的约定,对保险购买者予以赔偿,实现转移风险和理财计划的目标。保险规划是针对人生中的风险,定量分析保险需求额度,并做出最适当的财务安排,避免风险发生时给生活带来的冲击,达到财务自由的境界,从而拥有高品质的生活。保险规划就是通过对保险需求的深入分析,结合个人的经济状况制订合适的保险产品投保方案,确定合理的投保期限和投保金额、投保方式,免除生活上的后顾之忧。

七、教育规划

现代社会变化很快、充满竞争,接受教育是应付环境变化的需求

到大学毕业需要花费近20万元。完备的大学教育需要花费近7万元;基本的大学教育需要花费近4万元。

随着教育产业化,公共教育已转向自费,教育费用随之将会急剧上升!

为什么不让孩子健康、快乐地成长?享受教育是他(她)的权利,更是您的责任!

图 2-9 教育规划

教育规划是指筹集为实现预期教育目标所需要的费用而进行的一系列资金管理活动。子女教育规划,即为子女未来的教育支出进行规划和投资。教育规划的重要性在于:首先,教育是一种生产性投资;其次,子女教育是一项长期的投资;再次,子女成长的每一个阶段都需要规划。子女教育金理财规划必须专款专用,不能将这一笔资金挪去购房或购车等;另外,子女教育金的理财工具宜保守,保本是最高指导原则。

八、退休规划

退休规划就是保证自己将来的退休生活有尊严、能够自立和保持一定的水准,而从年轻时期开始,就应筹划实施的财务方案,最终目标是达到退休生活中的财务自由。退休规划的总体原则是:生活本金安全有保障,投资

图 2-10 观念的转变

理财适度有收益,生活费增长有补贴和通货膨胀抵御有能力。退休规划需要充分考虑以下几个方面的因素:退休年龄、性别差异、预期寿命、经济状况周期、银行利率以及通货膨胀的长期走势等其他不确定的因素。

很多时候,"年轻的你"会无视"年老的你",纵情地享受着青春的时光,挥霍着大把的精力和金钱,认为:反正我还有得是时间,有得是精力,钱花完了还可以再挣嘛!

"年老的你"很无奈,只能寄希望"年轻的你"能替未来多考虑一些,终有一天,精力和时间所剩不多的时候,需要有一笔安身立命的钱,而那笔钱正是要靠"年轻的你"从现在就开始积攒的。

图 2-11 退休规划的重要性

九、遗产规划

遗产规划是将个人名下的财产从一代人转移传承给另一代人的规划行为。为此,要实现个人财产合理安排,为其家庭成员或其他受益人确定目标而进行财产管理。遗产规划的主要目的是帮助财产持有人科学而高效地处置遗产,并保证将遗产按照委托人的意愿顺利地转交传递给受益人。遗产规划的工具包括遗嘱、遗产委任书、遗产信托、人寿保险和赠与。遗产规划的步骤有四个方面:专业评估委托人的财产价值;明确遗产规划的目标;制定遗产计划方案；定期检查和调整遗产规划方案。

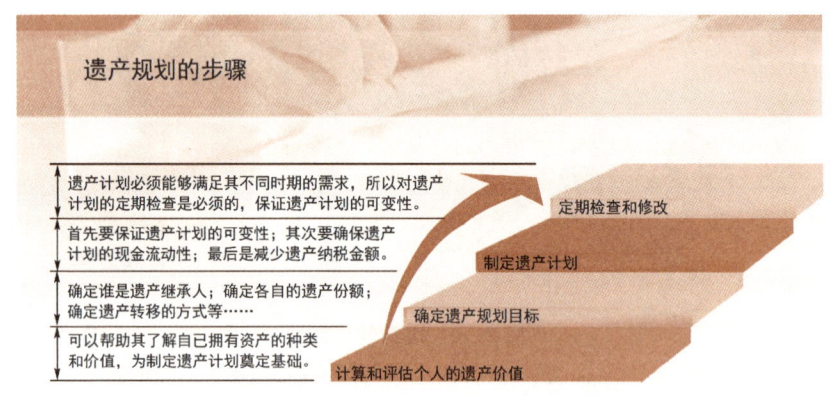

图 2-12　遗产规划的步骤

个人理财规划的一般步骤

个人理财要规划先行,要成功和有效地理财,首先要认真分析自己的现状,确定预期的目标,选择合适的方式,做到科学、合理、可行,经过一系列的理性分析、论证,系统地做好理财规划。

第一步:明确个人现在的财务状况。首先要明确投资者个人和家庭的资产负债结构、日常收支情况和盈余等财务信息。在掌握这些财务情况的基础上,分析相关数据,了解自己的资产以及财务状况。最基本的前提包括了解自己持有的存量资金、不动产和动产价值和未来收入的预期,比较清楚地了解有多少财需要理和可以理。

第二步:了解理财偏好。每个人都是不同的,可按不同的类型要素被划分。理财方案是针对性极强的,由于财产情况、学识程度、投资时机、投资偏好、投资风险承受能力等因素的不同,个人理财的偏好和方案都会不同;即使是同一个人,处在不同的社会时期、不同的年龄阶段以及不同的环境,也会表现出对投资理财的不同选择。个人理财规划当中,风险承受能力是一个重要的评判因素。随着一个人年龄的增大,对风险的反应会变得敏感,承受能力降低,所以了解自己不同时期不同偏好的理财期望和风险偏好是非常重要的。

第三步:设定理财目标。每个人的一生,都会有多种不同的目标,理财目标就是其中之一。个人的理财目标就是给自己设定在一定期限内,净资产的增加期望值。即一定时期里,个人如何定性和定量地理清理财目标,按照设定的理财目标有计划地安排资产投资种类,从而获得期望的现金流。做任何事情,如果没有设立奋斗要达到的目标,就很难取得成效。理财更是如此,如果没有理财目标,就会随波逐流,三天打鱼两天晒网,资金池中的鱼儿总是游不进家门。例如,就炒股票来说,如果没有理财目标,股市的涨跌,就是一种得失的情绪煎熬。而有了理财目标,就可以理性看待市场变化,减少因情绪波动所作出的决定。

第四步:制订资产组合分配理财方案和实施理财方案,把自己所有的资产做一个合理的资产分配,确定理财目标及投资期限,然后选择投资品种项目和决定投资时机,制订出适合自己理财偏好的可行性投资方案。所有投资问题考虑的出发点是投资人的风险承受力,风险承受力高的,可以考虑较高风险的股票型基金;风险承受力低的,可以考虑低风险的债券型基金或货币。

第五步:调整投资理财方案。理财是一个综合性而复杂的经济活动,随着市场和个人经济、生活的变化,人会产生不同的需求,需要根据这些变化及时地对理财目标和理财工具进行调整,形成一直与之相匹配的金融产品的配置组合,提高配置的效率和效益。

适合老年人理财的主要产品与工具

做好理财规划就要了解老年人个人和家庭的财务信息,确定老年人个人和家庭的风险收益偏好,依据老年人个人和家庭的实际需求,运用科学的方法智慧地设定理财目标,确定投资理财方向,选择理财工具和理财产品,合理配置组合,注重动态调整,实现财富自由。

一、储蓄存款

储蓄存款是指个人或公司将持有的人民币或者外币等现金型流动资

产,存入储蓄机构。由储蓄机构开具储蓄凭证,储户根据凭证支取存款的本金和利息,储蓄机构根据约定支付存款本金和利息的经济活动。储蓄存款一般可分为活期储蓄和定期储蓄两种。活期储蓄是可以根据储户要求随时支取的一种储蓄形式,存款凭证不能流通转让给他人,也不能有透支行为。定期储蓄一般来说,不能随时支取,储蓄的对象一般是个人和非营利性组织,如果需要提取,要提前通知储蓄机构,储蓄凭证也不能用于流通和贴现。金融管理机构在储蓄业务方面的管理比较严格,一般只允许商业银行储蓄部门和专门的储蓄机构经营储蓄存款业务。

二、国债

国债,又称国家公债,是以国家信用为担保基础,按照债券的经营和管理形式,通过向社会公众发行筹集资金的手段,形成国家与社会购买者的债权债务关系。国债顾名思义是由国家作为债务人发行的债券,是中央财政为了筹集资金而发行的一种政府债券,由中央政府对购买者承诺到期偿还本金和支付到期利息,出具债权债务凭证。由于国债的发行主体是国家,所以它具有最高的信用度,被公认为是最安全的投资工具。国债发行价格分平价发行、折价发行、溢价发行,发行方式有公募法、承售法、出卖法、支付发行法等,购买方式有无记名式国债、凭证式国债、记账式国债。

三、货币市场基金

货币市场基金是指在货币市场上投资短于一年,平均期限 120 天左右的一种有价证券投资基金,主要投资于基金资产短期货币工具,例如政府国库券及短期债券、企业债券、银行承兑汇票、银行定期存单、商业票据等短期有价证券。货币基金的分红方式是红利转投资。货币市场基金具有流动性强、资本安全性高、收益稳定、购买限额低等优点。

四、银行理财产品

银行理财产品是商业银行对潜在的目标客户群进行分析研究,针对基本目标客户群特定开发设计资金投资和管理计划,并实现销售的金融产品。一般根据预期收益的类型,将银行理财产品分为固定收益产品、浮动收益产品两类;按照投资方式与方向的不同,可分为新股申购类产品、银信合作品、QDII 产品、结构型产品等;根据币种不同,理财产品包括人民币理财产品和外币理财产品两大类;根据客户获取收益方式的不同,理财产品分为保证收益理财产品和非保证收益理财产品。

五、保险

保险(Insurance),本意是稳妥可靠保障,后延伸成一种保障机制。这是用来规划人生财务的一种工具,是市场经济条件下对风险进行管理的基本手段,是对于社会保障和金融体系的重要保障,是投保人按照向保险人支付合同约定的保险费用,保险人对于合同中约定的可能发生的事件,在事件发生后,根据所造成的财产损失,履行约定责任赔偿保险金的商业保险行为。从市场经济角度来分析,保险是分解意外事故造成损失的一种理财安排;从社会法律角度看,保险业务是合同行为,是建立在双方补偿损失关系上的一种合同安排;从风险管理角度看,保险是一种管理风险的方法。其中,理财保险是集保险保障及投资功能于一身的新型保险产品,属人寿保险的新险种。经营投资类保险的保险公司充分利用其规模投资优势及投资专家为保户争取最大的投资利益。目前在我国开展的理财保险险种主要有分红保险、投资连结保险和万能保险。通过保险进行理财,是指通过购买保险对资金进行合理安排和规划,防范和避免因疾病或灾难而带来的财务困难,同时可以使资产获得理想的保值和增值。

老年人理财规划案例

家庭基本情况

某女士在今年年初退休了,在她退休前担任某企业的高层主管,收入情况良好。其先生为某大学的教授,收入颇丰。家庭有一个女儿,在外企任职,收入较高。该家庭夫妻双方收入固定,拥有两套房产,总资产合计800余万元,其中一套用于自住,另一套用于出租,出租收入为2 200元/月。除此以外,该家庭投资100万元购买股票等理财产品。夫妻多年养成节俭的生活习惯,基本消费水平不高,结余较多,希望通过改善家庭理财规划,优化自己的退休生活。

财务状况分析

该家庭的资产状况储备良好,但是现有理财格局问题明显:

第一,消费比例偏低。夫妻的生活过于节俭,家庭月收入近 3 万元,日常基本生活开支不足 6 000 元,生活开支仅占 20％,日常消费水平较低,建议增加消费支出,提高日常生活水平。

第二,现金存储量偏高。对于拥有稳定收入的家庭,一般保留 3 至 6 倍的月支出用于应急即可。该家庭月支出 6 000 元,银行存款近 70 万元,资金利用率较低。

第三,股票等理财产品投资比例过高。这个家庭有 100 万元的股票投资,属风险投资,占投资资产的 36％,从生命周期、投资总量和风险偏好来看,比例偏高。

第四,投资房屋租赁回报较低。该家庭价值 200 万元的房子每月出租收入只有 2 200 元租金,用 10 个月租金计算,年投资回报率只有 1％,低于一年期定期存款利率。

理财目标设定

从目前理财状况看,该家庭在投资风险方面具有一定的承受能力,从家庭的资产配置结构、收入与支出比例和生命周期阶段角度考虑,建议做如下调整:

首先,重大疾病方面的风险管理。建议补充社保医疗外的商业保险。随着年龄的逐渐增加,老夫妻由于身体机能的下降,疾病发生的概率会越来越高,夫妻俩需要考虑在合理规避相关风险方面的管理。

其次,房产投资规划。该家庭在投资房产方面的租金回报率偏低,可以通过提供高档次住房,如以装修或转换的方式来增加租金的投资回报率。

第三,财产传承规划。该家庭需要考虑在财产传承方面的规划,尽量避免由于遗产税带来的影响,这样也可以确保自己的财产能够按照特定目的和意愿得以实现传承。

复习思考题

就以下案例提出理财建议。

【案例1】

家庭基本情况

某女士,52岁,本科学历,税后年收入约12万元,工龄36年,3年半后退休,目前拥有在职职工社保和交通意外险。该女士的先生,52岁,硕士学历,税后年收入约20万元,工龄34年,8年后退休,可兼职做建筑评审,目前拥有在职职工商业意外保险、社会医保。夫妻两人均健康,儿子还有一年大学毕业,毕业两年之后面临结婚,需要父母支持45万元买房首付款、10万元婚礼支出。该女士的家庭资产负债表上总资产为295万元,其中现金及活期存款8万元、保险现金价值27万元(69岁时)、定期存款20万元、企业债券和基金及股票30万元、房地产200万元、家电10万元;总负债为11.7万元,其中信用卡贷款余额1.7万元、房屋贷款余额10万元(房贷剩余年限为4年)。该女士的家庭月度税后收支表中总收入为3.1万元,其中工资收入2.6万元、租赁收入5 000元;总支出为1.24万元,其中房贷支出4 200元、生活开销6 000元、其他支出2 200元(孩子生活费)。

理财目标

该女士有三个理财目标:一是3年内为儿子攒足45万元买房首付款;二是3年内为儿子婚礼攒足10万元婚礼支出;三是希望通过理财,使家庭财富稳健增长,在应对CPI上涨的同时使自己的晚年生活更有质量,从容应对每年一次的外出旅游费用。

理财分析

该女士一家目前总资产295万元,除去固定资产200万元外,有保险27万元、证券资产30万元、定期存款20万元、现金8万元。每年股息收入约

5 000元。未来还信用卡1.7万元。每年还有保险及旅游支出2.6万元。最近四年还需还房贷10万元。

该女士月度结余1.86万元,月度结余率60%,收入稳定,支出较低。但是,从目前的资产结构来看,要想完成3年内为孩子买房攒足首付款,为婚礼攒10万元备用金的任务,还要在退休以后保证高质量的生活,整体财务安排有待进一步优化。

请从现金规划、保险规划、购房规划、养老规划、投资规划等方面提出理财建议。

【案例2】

家庭基本情况

张阿姨,56岁,业已退休,有房产一套,存款50万元,退休金每月4 000元左右,现有5万元投资股市,3万元投资基金,有一份终身寿险,有基本医疗保障。

理财目标

由于没有子女,所以张阿姨首先考虑的是养老问题,她在投资方面虽然有经验,但毕竟还是存在风险,希望在接下来的时间选择风险最小并且保证收益的投资方式。

请您为张阿姨提出理财分析与建议。

第二篇

投资理财篇

【导语】 投资有方,理财有道;你不理财,财不理你。现代经济生活中,在理财的道路上,个人由于理财理念与方法不同,最终的"受益"也是相差甚大。面对眼花缭乱的各种投资信息,如何选择理财产品,是经常会困扰我们的问题。投资理财不能是一时兴起的冲动,也不能是投机取巧的运气,需要的是运用智慧和不断地学习,掌握投资理财的知识和技巧,从而获得财富的增值。理财的成功者之所以事半功倍,前提是重视对理财知识的积累和专家的指导。在第一篇中,通过对理财规划的了解,我们知道理财规划包含了现金规划、储蓄规划、金融投资规划、保险规划、教育规划、税收规划、退休规划、遗产规划等,本章将具体介绍一下金融投资理财产品,以便读者了解更多的金融知识,更有效地达到财务目标。

第三章

银行理财产品

知识要点

1. 银行理财产品的发展:2004年10月,中国人民银行批准发行第一只人民币理财产品——"阳光理财B计划",截至2017年底,全国共有562家银行业金融机构持有存续的理财产品,理财产品数9.35万只,理财产品存续余额为29.54万亿元。

2. 银行理财产品类型:依据收益模式、投资币种、委托期限、发行期次、交易类型、是否公布净值、投资标的等不同,划分为不同理财的产品。

3. 理财产品风险级别:依据产品风险特性,一般银行将理财产品风险由低到高分为R1(保守型)、R2(稳健型)、R3(平衡型)、R4(进取型)、R5(激进型)五个级别。

4. 银行理财产品选择标准:根据产品的预期收益和风险、产品期限和赎回条件、产品结构、银行的实力、投资便利性选择银行理财产品。

5. 从安全性、流动性、收益率、投资门槛、灵活性等方面对银行理财产品与货币基金进行比较。

生活金融案例

复利投资,让钱生钱

复利投资是迈向富人之路的"垫脚石"。有句俗语叫"人两脚,钱四脚",意思是钱有 4 只脚,钱追钱,比人追钱快多了。

假设一个投资者有 5 万元,年利率是 3%,用单利和复利计算 10 年的收益。

单利计算:50 000×0.03×10=15 000(元)

复利计算:50 000×[(1+0.03)^10-1]=17 195.82(元)

本金 10 万元,年利率 10%,以单利和复利计算所得回报曲线图如下:

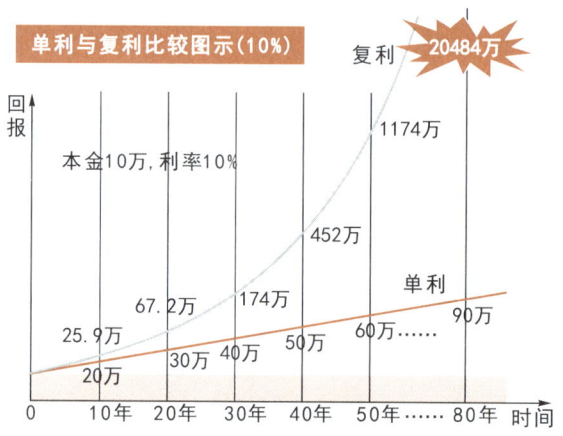

图 3-1 单利与复制比较图示

有人会吃惊,利息的计算方式差距怎么会这么大? 想当年,黄世仁就是凭着这种"驴打滚"的毒计害死杨白劳、强娶喜儿的。难怪著名的物理学家爱因斯坦称:"复利是世界第八大奇迹,其威力甚至超过原子弹。"

案例分析

复利,也称为利息的利息,是指一笔存款或者投资获得回报之后,再连本带利进行新一轮投资的方法,即最后的投资回报(利息)中,来自利息的部分就是复利,来自原始本金的部分则为单利。复利要体现其威力,需要足够长的时间,上述例子中,随着投资期限的延长,复利产生的投资效果越来越显著。如果你想让资金更快地增长,在投资中获得更高的回报,就必须对复利加以足够的重视。

利 息 的 计 算

利息的计算方法有两种:单利计息和复利计息。

单利是指在计算利息时,不论期限长短,只按本金计算利息,所生利息不再计入本金重复计算。其计算公式如下:

$$I = P \times R \times n$$

其中,I 为利息额,P 为本金,R 为利率,n 为时间。

例如,某居民将 10 000 元存入银行,期限为 2 年,利率为 10%,则单利有:

$$I = 10\,000 \times 10\% \times 2 = 2\,000(元)$$

单利计息通常用于短期借贷和储蓄存款。

复利计息就是将上期利息转为本金一并计息的方法。其计算公式如下:

$$S = P \times (1+R)^n, \quad I = S - P$$

其中,S 为本息和,I、P、R 和 n 与上式相同。

仍然以上例,如果是以复利计息,每年复利一次,则本息和为:

$$S = P \times (1+R) = 10\,000 \times (1+10\%)^2 = 12\,100(元)$$

$$I = S - P = 12\,100 - 10\,000 = 2\,100(元)$$

复利计息显然比单利计息多出 100 元。

复利计息通常用于长期贷款。

随着人们生活水平的提高,现在很多人的现金都会有结余,于是人们开始想办法用这些暂时用不到的钱来赚取利息,使钱生钱。那么怎样才能做到这一点呢?购买银行理财产品成了大多数人的选择。

理财产品投资分析

一、银行理财产品的发展

2003 年,在外币存款利率很低的背景下,商业银行开始推出外汇理财产品来吸引客户。2004 年 10 月,商业银行获得批准可以开展人民币理财业务,中国光大银行于 2004 年 10 月 8 日发行国内第一只人民币理财产品——"阳光理财 B 计划",之后众多商业银行的各类人民币理财产品纷纷推向市场,并掀起理财热潮。

2004 年商业银行初期推出的理财产品的结构、内涵都比较简单,基本就是银行以投资门槛、流动性为条件,出让自己的一部分低风险投资收益给客户。从 2005 年初人民币结构性理财产品推向市场,以人民币本金投资,利用海外成熟的金融市场分享国际市场上的投资收益。从 2005 年底到 2008 年中期,银行理财产品类型日益丰富,数量飙升,资金规模屡创新高。权益挂钩、项目融资、新股申购、QDII 等类别产品不断涌现,同时,商业银行个人理财业务监管框架逐步确立。从 2008 年中期至 2011 年底,受全球金融危机影响,理财产品零/负收益和展期事件大量涌现,致使监管的法律法规密集出台。同时,随着竞争加剧,商业银行理财产品研发能力不断提高,产品发行数量和募集资金呈几何级数增长,投资方向日益多元化,结构类型逐渐精细化,合作模式不断丰富,流动性安排灵活多样,产品的风控手段不断提升。自 2012 年以来,银行理财产品销售规范明显提高,投资监管继续加强,部分商业银行成立专门的资产管理部门来实现理财产品管理的规范化要求。从 2011 至 2015 年,银行理财规模年复合增长率超过 50%,2016 年全年银行理财产品增速有所下降,为 23.63%。同时,随着泛资管时代来临,银行理财与保险、信托、券商、基金等资产管理行业的竞争日益加剧。

依据《中国银行业理财市场年度报告（2017年）》数据（中国银行业理财登记托管中心发布），2017年,银行业理财市场有591家银行业金融机构发行了理财产品,共发行25.77万只,平均每月新发行产品2.15万只,累计募集资金173.59万亿元,平均每月募集资金14.47万亿元。截至2017年底,全国共有562家银行业金融机构持有存续的理财产品,理财产品数9.35万只,理财产品存续余额为29.54万亿元。银行理财产品市场是我国财富管理规模最大的市场,其募集的资金规模已经非常庞大。

二、银行理财产品的类型

（一）收益模式

按照收益模式不同,银行理财产品可分为保证收益型和非保证收益型。也有按此标准将银行理财产品分为保本型和非保本型的,其中,保本型包括保证收益型（保本保证收益）和保本浮动收益型。

1. 保证收益型

保证收益型理财产品是指商业银行按照约定条件向客户承诺支付固定收益,银行承担投资风险或者银行按照约定条件向客户承诺支付最低收益并承担相关风险,其他投资收益由银行和客户按照合同约定分配,并共同承担相关投资风险的理财产品。

保证收益型理财产品包括固定收益理财产品和有最低收益的浮动收益理财产品。固定收益理财产品的到期收益是固定的;而有最低收益的浮动收益理财产品到期后有最低收益,其余部分视管理的最终收益和具体的约定条款而定。

2. 非保证收益型

非保证收益型理财产品又可分为保本浮动收益和非保本浮动收益理财产品。

（1）保本浮动收益理财产品是指商业银行按照约定条件向客户保证本金支付，本金以外的投资风险由客户承担，并依据实际投资收益情况确定客户实际收益的理财产品。

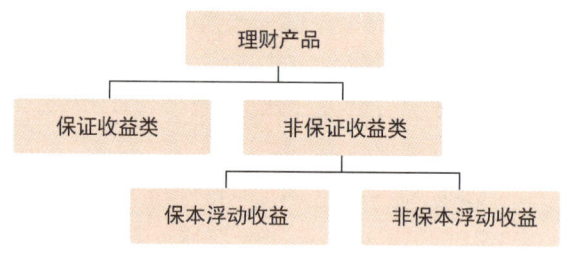

图 3-2　理财产品的类型

（2）非保本浮动收益理财产品是指商业银行根据约定条件和实际投资收益情况向客户支付收益，并不保证客户本金安全的理财产品。

非保证收益型理财产品的发行机构不承诺理财产品一定会取得正收益，有可能收益为零，非保本产品甚至有可能收益为负。

2017 年底，非保本产品的存续余额为 22.17万亿元，占全部理财产品存续余额的 75.05%，较年初下降 4.51 个百分点；保本产品的存续余额为 7.37 万亿元，占全部理财产品存续余额的24.95%。非保本理财产品市场占比远大于保本理财产品。按监管要求，保本理财产品要纳入银行资产负债表内核算，视同存款管理，相应纳入存款准备金和存款保险基金的缴纳范围，相关资产已按银监会规定计提了资本和拨备。非保本理财产品才是真正意义上的具有"代客理财"性质的理财产品。

（二）投资币种

按照投资币种不同，银行理财产品可分为外币理财产品和人民币理财产品。外币理财产品以外币(主要有美元、港币、英镑、欧元、澳元等)进行投资，投资领域包括国际的外汇市场、股票市场、债券市场和衍生品市场。人民币理财产品以人民币进行投资，投资领域包括国内的货币市场、债券市场和股票市场,投资标的包括央行票据、国债、金融债券、企业债券、股票、证券投资基金等。目前,市场上人民币理财产品的规模远远大于外币理财产品。

(三) 委托期限

按照委托期限不同,银行理财产品可分为短期、中期和长期理财产品。通常认为,1 年以下的为短期理财产品,1 年(含)到 2 年的为中期理财产品,2 年(含)以上的为长期理财产品。目前,商业银行发行的理财产品以短期为主,短期理财产品无论是数量还是募集资金规模占比都要超过 90%。

(四) 发行期次

按照发行期次不同,银行理财产品可分为期次类理财产品和滚动发行理财产品。期次类理财产品只在一段时间内销售,到期后利随本清,产品存续期就结束。滚动发行理财产品则采取循环销售方式,投资者可以进行连续投资,拥有更多的选择机会。有些滚动发行理财产品,通过一次签约可自动实现产品的滚动购买(类似于银行定期存款到期后自动转存),通过为客户提供便利来吸引客户。

(五) 交易类型

按照交易类型不同,银行理财产品可分为开放式理财产品和封闭式理财产品。类似于基金,封闭式理财产品是指在存续期内,一般不能申购或赎回,总体规模保持不变。而开放式理财产品是指在存续期内,投资者可以随时或定期申购或赎回,总体规模是变动的。

(六) 是否公布净值

依据是否公布净值,银行理财产品可分为净值型理财产品和非净值型理财产品。

非净值型理财产品有预期收益,一般不公布净值,透明度较低,产品大多不允许申购赎回。净值型理财产品的运作模式与基金类似,没有预期收益,银行也不承诺收益,为非保本浮动收益,产品在开放期内可以申购赎回(定期公布净值),投资者自负盈亏。

与非净值型理财产品相比,净值型理财产品有明显不同。首先,客户很可能将理财产品的预期收益理解为实际收益,认为银行负有"隐性担保"义务,应该"刚性兑付";而银行认为按照协议约定,产品投资风险应该由投资者承担。双方都认为自己不是风险的承担者,一旦风险真正发生,对双方都不利。在这种情况下,银行有时为达到较高的预期收益目标,通过资产池与其他理财产品进行内部交易,或通过理财产品之间的"收益输送"来实现较高的预期收益。同时银行为了控制风险,不得不放弃一些投资机会,投资者也就失去了获取高盈利的可能。而净值型理财产品的发展,不仅有利于打破刚性兑付,对于投资者的资产配置也更为有利。其次,净值型理财产品如果实际投资运作情况好,产品净值上涨,就能给投资者带来丰厚的回报,而非净值型理财产品由于透明度低,即使产品实际投资运作情况好,投资者也可能只获得预期收益,超额收益将被银行获得,或者银行要依照协议与投资者分享。最后,净值型理财产品的透明度和流动性都好于非净值型理财产品,更方便投资者灵活操作。未来,净值型理财产品可能会成为银行理财产品发展的主要方向。

(七)投资标的

不同银行理财产品投资标的可能不同,按照投资标的的不同,银行理财产品大致可分为货币型、固定收益类、股票类、QDⅡ型、结构型等理财产品。

1. 货币型理财产品

货币型理财产品主要投资于货币市场上信用级别较高、流动性较好的金融工具,包括国债、金融债、中央银行票据、债券回购,高信用级别的企业债、公司债、短期融资券等。货币型理财产品投资期短,本金、收益安全性高,其信用风险和流动性风险小,属于保守型、稳健型理财产品,通常被作为活期存款的替代品。

2. 固定收益类理财产品

固定收益类理财产品包括债券类、信贷类、票据类理财产品。

(1)债券类理财产品:以国债、金融债、央行票据、高信用等级企业债、公司债、短期融资券等为主要融资对象,产品具有收益稳定、期限固定、风险较低的特点。

(2)信贷类理财产品:以信托贷款为投资对象,将募集资金投资于信托公司设立的信托贷款计划,产品到期后银行按约定向客户支付本金收益。产品期限固定,客户能够准确测算出预期收益率,但客户要承担一定的投资风险。

（3）票据类理财产品：以已贴现的商业汇票为投资对象，将募集资金投资于商业银行已贴现的商业汇票，产品到期后银行按约定向客户支付本金收益。产品具有收益固定、风险较低的特点。

3. 股票类理财产品

股票类理财产品是投资于股票（或股权）的理财产品。如果是新股申购类理财产品，其风险很低；如果是在二级市场进行股票投资和股权投资，风险相对较高。

4. QDII型理财产品

QDII型理财产品是将资金投向境外金融市场的理财产品，如 QDII 基金。客户既可能分享境外金融市场的收益，又可能面临特殊的风险。

5. 结构型理财产品

结构型理财产品是运用金融工程技术,将存款、零息债券等固定收益产品与金融衍生品(如远期、期权、掉期等)组合在一起而形成的金融产品,就是将产品分为"固定收益＋期权"的复合结构。结构型理财产品的回报率通常取决于挂钩标的的表现。根据挂钩资产的属性,大致可以细分为外汇挂钩类、利率/债券挂钩类、股票挂钩类、商品挂钩类等。

三、风险等级

按照产品风险特性不同,通常将银行理财产品按风险由低到高分为 R1(保守型)、R2(稳健型)、R3(平衡型)、R4(进取型)、R5(激进型)五个级别。

1. R1(保守型)

保守型理财产品的资金全部投资于高信用等级债券、货币市场工具等低风险金融产品,银行一般会保证本金的完全偿付,产品收益随投资表现变动。

2. R2(稳健型)

银行不保证稳健型理财产品本金的偿付,但本金风险相对较小,收益浮动相对可控。信用风险维度上,产品主要承担高信用等级信用主体的风险,如 AA 级(含)以上评级债券的风险;市场风险维度上,产品主要投资于债券、同业存放等低波动性金融产品,严格控制股票、商品和外汇等高波动性金融产品的投资比例。此级别还包括衍生交易、分层结构、外部担保等方式保障本金相对安全的理财产品。

3. R3(平衡型)

平衡型理财产品不保证本金的偿付,有一定的本金风险,收益浮动且有一定波动。信用风险维度上,产品主要承担中等以上信用主体的风险,如 A 级(含)以上评级债券的风险;市场风险维度上,产品除可投资于债券、同业存放等低波动性金融产品外,结构性产品的本金保障比例在 90％以上。

4. R4(进取型)

进取型理财产品不保证本金的偿付,本金风险较大,收益浮动且波动较大,投资较易受到市场波动和政策法规等风险因素影响。信用风险维度上,产品可承担较低等级信用主体的风险,包括 BBB 级及以下债券的风险;市场风险维度上,投资于股票、商品、外汇等高波动性金融产品的比例可超过 30%。

5. R5(激进型)

激进型理财产品不保证本金的偿付,本金风险极大,同时收益浮动且波动极大,投资较易受到市场波动和政策法规变化等风险因素影响。信用风险维度上,产品可承担各等级信用主体的风险;市场风险维度上,产品可完全投资于股票、外汇、商品等各类高波动性的金融产品,并可采取衍生交易、分层等杠杆放大的方式进行投资运作。

不同的客户风险偏好有差异,其相应适合的产品类型也不同。实务中,客户到银行购买理财产品时,银行要首先对客户进行风险评估,得到客户类型(风险属性),再推荐与客户类型匹配的相应风险等级的理财产品。比如客户属于保守型,那么只适合风险等级为一级的极低风险理财产品,客户经理如果推荐风险等级二级及以上的理财产品都是不符合监管要求的。相反,如果客户属于激进型,那么所有风险等级的理财产品客户都可以购买。具体见表 3-1。

表 3-1　商业银行客户风险类型及适合的产品类型

客户类型	适合的产品类型	风险等级
保守型	极低风险产品	一
稳健型	极低、低风险产品	二
平衡型	极低、低、中等风险产品	三
进取型	极低、低、中等、较高风险产品	四
激进型	极低、低、中等、较高、高风险产品	五

考察不同风险等级的银行理财产品发行情况,2017 年,风险等级为"二级(中低)"及以下的银行理财产品募集资金总量为 144.51 万亿元,占整个银行理财产品市场募集资金总量的 83.25%。风险等级为"四级(中高)"和"五级(高)"的银行理财产品募集资金量为 0.28 万亿元,占比仅为 0.16%。由此看来,银行理财产品市场上,低风险理财产品占绝对多数,银行理财产品市场的风险是较低的。具体见表 3-2。

表 3-2　不同风险等级理财产品的募集资金情况　单位:万亿元

项目		一级 (低)	二级 (中低)	三级 (中)	四级 (中高)	五级 (高)	合计
2016 年	募集金额	41.81	95.82	29.81	0.34	0.15	167.94
	占比	24.90%	57.06%	17.75%	0.20%	0.09%	100%
2015 年	募集金额	42.37	94.42	20.75	0.75	0.12	158.41
	占比	26.75%	59.60%	13.10%	0.47%	0.08%	100%

四、银行理财产品选择标准

(一)产品的预期收益和风险

银行理财产品的预期收益率只是一个估计值,并不一定就是最终实际收益率,特别是浮动收益产品,其预期收益率不确定性更大。

银行理财产品的预期收益和风险是高度相关的,一般来说,风险越高的产品,其预期收益越高,当然,风险高低又与资金投向直接相关,如股票类、结构型、QDⅡ型理财产品的风险相对高,其预期收益也高,而货币型和固定收益型的风险相对低,其预期收益也相对低。投资者购买银行理财产品时,要认真阅读产品说明书,了解产品资金投向和风险等级,选择匹配自身类型的银行理财产品,而不能只依据预期收益高低来选择理财产品。

此外,投资者对理财产品的预期收益不能期望太高,2015 至 2017 年,银行发行的理财产品的客户实际年化收益率基本在 3.5%～5.0%。2017 年,封闭式理财产品按募集金额加权平均兑付客户年化收益率为 4.06%,如果预期收益率太高,这种产品的风险通常很高,投资者反而要警惕。

(二)产品期限和赎回条件

银行理财产品的期限有长有短,目前,市场上的银行理财产品绝大部分是一年以内的短期产品,一年以上的中长期产品占比非常小。

另外,大部分银行理财产品不允许提前赎回,有的理财产品虽然能够提前赎回,但有特定的赎回时间限制,且需要支付赎回费用;有的理财产品有保本条款,但其前提是产品必须到期,投资者如果提前赎回有可能使本金受损。产品的赎回条件影响到流动性,产品不能赎回其流动性就差,万一投资者急用资金就没有办法。

因此,投资者在选择银行理财产品时,要将自身资金的闲置时间与产品期限和赎回条件相结合考虑。

(三)产品结构

对于银行理财产品,投资者需要了解产品的结构。一些结构型理财产品设计比较复杂,产品中通常嵌入了期权等衍生产品,或者与汇率、商品、贵金属等挂钩,普通投资者通常缺乏专业的投资分析能力,因此,对于自己不熟悉、没把握的复杂的理财产品,投资者需要谨慎对待。理财本身就应该简单而轻松,这是理财的一个基本理念。理财并非越复杂越显得高大上。

(四)银行的实力

目前,发行理财产品的银行包括国有五大行、全国性股份制银行、城商行、外资行、农村金融机构等。一般来说,出于竞争压力,中小银行的产品预期收益率要高于大银行(同样的风险等级或资金投向),而大银行的实力和信誉更好。因此,投资者要在收益率和银行实力与信誉之间作权衡。

(五)投资便利性

银行一般都有规定,首次购买理财产品,要到银行网点进行风险评估,而且要在该银行开立银行账户,因此,通过银行渠道购买理财产品时,还要考虑到投资便利性。市场上发行的理财产品数量是非常惊人的,而且收益排名时常在变,投资者不可能随时跟踪收益排名最高的银行,如果这样,就必须经常更换银行,不断开立新的银行账户,频繁进行风险评估,这样反而是非常麻烦的。

通常,投资者会更加关注自己开户银行的理财产品,这是投资的便利性和黏性导致的。

五、银行理财产品与货币市场基金比较

(一) 安全性

证监会专门出台针对货币市场基金的管理规定,对于货币市场基金的投资范围和期限结构等都有明确的规则和限制,对基金的信息披露也有严格要求。货币市场基金资产必须托管在具有托管资格的银行中,且其账户和其运作均严格独立于基金管理人和托管人。从实践来看,货币市场基金发生损失的概率几乎为零。相比之下,银行理财产品(市场上绝大部分为非保本浮动收益型)的信息披露和投资限制不如货币市场基金严格,而且非保本浮动收益型银行理财产品的本金和收益都存在风险。显然,银行理财产品的安全性不如货币市场基金。

(二) 流动性

货币市场基金可随时申购、赎回,且不收取任何手续费,赎回资金一般 2

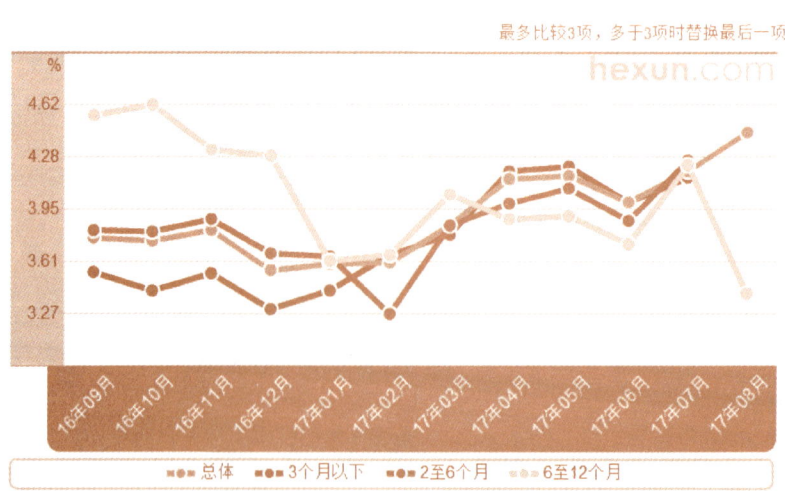

图 3-3　银行业最近 12 个月各期限收益率对比

天内到账,有不少货币市场基金赎回资金 1 天就到账,而如果通过天天基金网投资于其活期宝旗下的货币市场基金,则赎回资金只需 1 秒就到账(2018年 6 月,中国证监会和中国人民银行发布规定,单一基金销售机构的单货币市场基金,设定单日不高于 1 万元的"T+0 赎回提现")。银行理财产品大部分不能提前赎回,而且赎回要收取手续费。因此,银行理财产品的流动性远不如货币市场基金。

(三)收益率

银行理财产品的收益率比较固定,长期来看,收益率位于3%～5%的银行理财产品占大多数。而货币市场基金的收益率波动相对大,一般来说,货币市场基金的年化收益率在3%左右最为常见,但是,2017 年以来,随着市场上资金面偏紧,货币市场基金的收益率走高,很多货币市场基金的年化收益率超过4%。银行理财产品的收益相比货币市场基金并没有明显优势。

(四)投资门槛

银行理财产品的投资门槛一般最低为 5 万～10 万元,有些银行理财产品是针对高净值客户,投资门槛较高,可能高达 100 万。货币市场基金的投资门槛很低,申购起点一般为 1 000 元,甚至一些第三方销售平台只需 100元,几乎所有投资者都可投资货币市场基金。

(五)灵活性

货币市场基金通常能与同一基金公司旗下的其他类型基金相互转换,还有,如天天基金网活期宝旗下的不同货币市场基金可以超级转换(即无须赎回后再申购,也没有交易费),这样,就方便了投资者通过在不同基金间的及时快速转换,随时抓住高收益的机会。而银行理财产品一般没有其他产品可供转换。

通过以上几方面比较,当货币市场基金收益率接近银行理财产品时,货币市场基金相比银行理财产品更具有优势,可能是投资者更好的选择。

六、注意事项

选择银行理财要注意如下事项:

(1)是否可提前赎回。目前,市场上的银行理财产品大部分是不能提前赎回的,在销售协议中,一般都有规定:银行可单方面全部提前终止理财产品,客户不得提前部分支取或全额赎回。

(2)是否可质押。目前,有些银行理财产品在到期前可以申请质押贷款,有些银行理财产品是不能质押贷款的。投资者要留意产品说明书或销售协议上是否有明确的规定。如果投资者急用资金,产品又未到期,那么通过质押贷款来周转资金是非常重要的,这一定程度上能弥补产品不能提前赎回的不足。通常,能质押的银行理财产品是风险等级低的,如保证收益型。

(3)风险承受能力评估和风险揭示。一般银行都规定,客户首次购买理财产品,需填写《银行理财客户风险评估问卷》,得出投资风险评估结果(客户类型)及适合度匹配结果。按照风险匹配原则,投资者只能购买与自己风险等级一样或低于自己风险等级的产品。对于理财产品销售,银监会规定,商业银行要制作专门的风险揭示书,充分揭示和告知客户理财产品的各种风险,并要求客户签字确认。

(4)银行自营理财产品还是代理理财产品。实践中,有些银行网点员工为了高额佣金私自销售非本行自主发行的、非本行授权和签订代销协议的第三方机构理财产品,这些理财产品一般都不是银行发行的正规理财产品,即所谓的"虚假理财"和"飞单"。这类理财产品容易出现问题,严重的甚至出现发行人卷款而逃的情况,投资者血本无归。为防范这类风险,投资者可以上中国理财网(http://www.chinawealth.com.cn)查询产品登记编码(向个人客户销售的理财产品,其登记编码一般是以大写字母"C"开头,后面有13位数字,共14位编码),中国理财网是全国银行业理财产品信息集中披露网站,银行发行的理财产品都有相应的产品登记编码,通过查询产品登记编码,可以核实所购买的理财产品是否为银行发行的正规理财产品,从而有效防范"虚假理财"和"飞单"。此外,中国银行业理财网(http://www.cbalicai.com)、和讯网(http://www.hexun.com)等也提供了大量银行理财产品的信息。

(5)购买渠道。目前,一般商业银行规定,购买银行理财产品的渠道有:银行网点、网上银行、手机银行、微信银行、电话银行等。不同投资者可以根据自身情况进行选择,老年投资者可能更偏好银行网点,年轻投资者可能更偏好手机银行、微信银行等。当然,有些理财产品规定了专门的销售渠道,如手机银行专属、电话银行专属等,则投资者只能依据规定的销售渠道进行投资。

复习思考题

1. 如何选择银行理财产品?

2. 银行理财产品与货币市场基金的差别是什么?

3. 您购买过理财产品吗? 中国银行的理财产品有哪些?

第四章

保 险 产 品

知识要点

1. 保险是指投保人根据合同约定,向保险人支付保费,保险人对于合同约定的可能发生的事故因其发生所造成的财产损失承担赔偿保险金责任,或者当被保险人死亡、伤残、疾病或者达到合同约定的年龄、期限时承担给付保险金责任的商业保险行为。

2. 普通型人寿保险可分为死亡保险、生存保险和两全保险。新型人寿保险可分为分红寿险、万能寿险、投资连结保险。

3. 人身意外伤害保险是以被保险人的身体为保险标的,当被保险人因遭受意外伤害导致残疾、身故时,保险人按照合同约定给付保险金的人身保险。

4. 健康保险是以被保险人的身体为保险标的,使被保险人在疾病或意外事故所致伤害时发生的医疗费用或收入损失获得补偿的一种人身保险。按照保险责任,健康保险可分为医疗保险、疾病保险、失能收入损失保险、长期护理保险。

生活金融案例

人的一生主要投保哪些类型的保险

从前在一座小岛上,住着 10 户以捕鱼到陆地出售为生的渔民。10 户渔民每家都有一艘货船,这些货船经常要将货物运到陆地上出售,在运送过程中,如果其中的一艘货船遇难,就会致使一个家庭几个月甚至半年的生活无所依靠。后来大家想出了一个办法,把每家的货物分成 10 份,每艘船上装 1

份,这样一来,货船遇难的时候,每个家庭都会受到损失,但损失的只是全部财产的1/10而已。对意外风险提供保障是保险最原始的核心功能之一。意外事件每天都在城市的大街小巷上演。风险已经不再是小概率事件,而事故造成的损失总要有人来买单。

案例分析

对于刚参加工作的年轻人或者收入不高的人群而言,购买高额的寿险是不现实的。经济能力使得他们没必要,也不乐意把太多的钱都放进保险公司的口袋里。但意外险是他们必备的一张保单。因为,面对人生突如其来的意外,意外险能够为被保险人构筑一道安全防线。

意外伤害保险的保费很便宜,一份保额为10万元的意外险,一年保费甚至不到100元,人人都买得起意外险。意外险是杠杆和性价比非常高的保险(低投入高保障)。

保险产品投资分析

根据《中华人民共和国保险法》第二条规定,保险是指投保人根据合同约定,向保险人支付保费,保险人对于合同约定的可能发生的事故因其发生所造成的财产损失承担赔偿保险金责任,或者当被保险人死亡、伤残、疾病或者达到合同约定的年龄、期限时承担给付保险金责任的商业保险行为。从风险管理角度看,保险是一种风险转移的机制,是风险管理的有效手段。

按照保险标的不同,保险可分为人身保险和财产保险。本章介绍与个人家庭联系更紧密的人身保险。

人身保险是以人的寿命和身体为保险标的的保险。包括人寿保险、人身意外伤害保险、健康保险三大类。

人寿保险是以人的寿命为保险标的,以被保险人的生存或死亡为给付保险金条件的人身保险。

一、普通型人寿保险

按照保险责任不同,普通型人寿保险可分为死亡保险、生存保险和两全保险。

(一) 死亡保险

死亡保险是指以被保险人死亡为给付保险金条件的人寿保险。死亡保险又分为定期寿险和终身寿险。

1. 定期寿险

定期寿险是指以死亡为给付保险金条件,且保险期限固定的人寿保险。定期寿险的保险期限是固定的,一般有 10 年、20 年、30 年,保至 60 岁、65 岁、70 岁等选择,若被保险人在保险期限内死亡,保险人即给付受益人保险金;如果被保险人在保险期限届满时仍然生存,保险合同即行终止,保险人无给付保险金的义务,亦不退还已收取的保险费。定期寿险一般只有纯保障功能,保单没有储蓄性(保单不会积累现金价值)。

定期寿险的优点是保费相对低廉,用很少的保费就能获得一定期限内较大的保险保障(保费低廉的原因在于,从统计数据看,一定期限如 10 年内死亡人数的比例是很低的,导致赔付率很低);其缺点在于若被保险人在保险期限届满时仍然生存,则不能得到保险金给付,而且已交纳的保险费不再退还(很多人因此会产生后悔心理,这种心理本身就会影响到定期寿险的投保)。目前,我国保险市场上销售的定期寿险提供保障的条件除了死亡,还有全残。

定期寿险在家庭保险规划中有重要作用,如果一个家庭有未成年子女,家庭经济支柱可以为自己投保定期寿险,保险期限可以设定为到子女成年经济独立为止,如果保险期内家庭经济支柱死亡,保险金能对家人子女渡过难关提供重要的支撑。如果家庭有老人需要赡养,定期寿险可以发挥对未成年子女的保障作用。另外,定期寿险的安排还需考虑一种情况,如果家庭有房贷等债务未还清,可考虑投保定期寿险(保险金额、期限与房贷相对应),以防家庭经济支柱发生意外,家庭失去还贷能力房屋被银行收走的风险。

表 4-1 是市场上一款比较有特色的"××定期寿险(夫妻版)"。

表 4-1　××定期寿险(夫妻版)

××定期寿险(夫妻版)	
被保险人年龄	法定结婚年龄~50 岁
被保险人	夫妻双方
保险责任	被保险人身故、全残
保险期限	10 年/20 年/30 年可选择
受益人	夫妻彼此为第一受益人,孩子为第二受益人

这款定期寿险最突出的特点就是夫妻共同作为被保险人,保额共享,一方发生不幸,全部保险金赔付给另一方,而且,夫妻版保费相比两人单独投保便宜。这款保险很适合结婚人士,投保定期寿险,可为家庭子女成长教育、父母赡养、房贷车贷等提供风险保障。

2. 终身寿险

终身寿险是指以死亡为给付保险金条件,且保险期限为终身的人寿保险。终身寿险是一种不定期的死亡保险,保险期限从合同生效之日起至被保险人死亡为止。终身寿险最大优点是被保险人可以得到终身保障,无论被保险人何时死亡,保险人都有给付保险金的义务。

终身寿险除了保障功能,还具有储蓄性,保险合同生效时要按照一个预定利率来积累现金价值(类似于银行储蓄,而且预定利率设定后就保持不变),如果投保人中途退保,可以得到一定数额的现金价值(或称"退保金")。因任何人最终都要死亡,投保终身寿险,受益人早晚都能获得保险金,因此,终身寿险的保费要比定期寿险昂贵很多。保险金给付的确定性与否是定期寿险和终身寿险的最大区别。

在定期寿险和终身寿险之间选择时,要在保障期限(定期还是终身)和保费之间进行权衡。而保费的承受力取决于个人家庭的经济状况。在家庭保险计划安排中,一般来说,定期寿险要优先于终身寿险来考虑。比如一对30岁左右的夫妻,有了子女后,可以首先投保定期寿险,保险期限可选择25年左右,25年后子女经济独立,家庭对保险的需求相对下降。这样,在最需要保险的时间内,用较少的保费买到了较高的保障。如果选择了终身寿险,同样保障的保费会贵很多,而这种家庭一般还有较多的房贷甚至车贷等,这无疑会加重家庭的经济负担(抚养孩子本身开销就很大)。从另一方面讲,即便终身寿险将来一定获得保险金,按照目前我国国民期望寿命大约80岁来算,50年后能获得保险金,但50年后获得的保险金已经非常非常低,对该家庭已经没有多大意义了。另外,对于投资能力强的人士,更应该优先选择定期寿险,将省下的保费用于投资,更好地积攒财富。

此外,在一些西方国家,因为有高昂的遗产税,终身寿险还时常被用来作为转移和传承财产,逃避遗产税的工具。

(二)生存保险

生存保险是指以被保险人的生存为给付保险金条件的人寿保险。即当被保险人于保险期满或达到合同约定的年龄时仍然生存,保险人负责给付保险金。生存本身并非风险,生存保险的出现主要目的是为生存所需的费用开支提供保障。生存保险主要用在为老年人提供养老保障或者为子女提供教育金等。生存保险有很强的储蓄功能(对银行储蓄有替代性),投保人缴纳的保费要提取准备金,按照事先设定的利率积累现金价值。生存保险中典型的代表是年金保险。年金保险是指以生存为给付保险金条件,按约定分期给付生存保险金,且分期给付生存保险金的间隔不超过1年(含1年)的人寿保险。养老年金保险是年金保险中非常重要的一种类型,是应对老龄化的重要手段。我国已于 1999 年进入老龄化社会,而且正处于加速老龄化的进程中,加之我国社会养老保险还存在很多问题(特别是农村养老保障水平严重不足),投保商业养老保险非常有必要。

目前,市场上的养老年金保险通常有两个显著的特点:首先,从保险合同生效到领取养老年金之间,如果被保险人身故,享有身故保障;其次,从养老年金领取日开始,被保险人一直领取养老年金直到死亡为止,同时,一般最低保证领取十年(最低保证年金),防止年金受领人过早死亡。

举例:某 30 岁男性投保养老年金保险,采取 10 年分期缴费,约定从 60 岁开始每年领取养老年金。这份保单首先提供死亡保障(被保险人 30～60 岁);其次,从 60 岁开始,被保险人每年领取养老年金,直到去世,但最低保证领取十年。很显然,如果两名 30 岁男性投保同样的养老保险,缴费是相同的(同样性别、同样年龄),但是因寿命长短不同,领取的养老年金可能就不同。寿命越长,领取的养老年金越多,这也正是养老保险的功能体现。

在投保养老保险等年金保险时还有一点非常重要,正如前述,生存保险要按照事先设定的利率来积累现金价值,因此,预定利率高低关系到将来领取养老年金的水平,投保时要关注预定利率的水平高低。

(三) 两全保险

两全保险也称为"生死合险",是指被保险人在保险期限内死亡或保险期满时生存,保险人均给付保险金的人寿保险。两全保险相当于同样期限的一份定期寿险和一份生存保险叠加,被保险人在保险期限内死亡获得死亡保险金,在保险期满仍然生存时,获得生存保险金。两全保险既有死亡保障,又有生存保障,其保障最全面,保障功能最强,但保费最贵。两全保险也有很强的储蓄性。

以上介绍的是普通型人寿保险,随着保险经营的不断创新,一些具有投资收益功能的人寿保险于 2000 年前后出现在我国保险市场上,以满足消费者的多样化需求。这类保险也称为新型人寿保险,具体种类包括分红寿险、投资连结保险、万能寿险。这几类保险在我国发展速度极快,2010 年前后,分红寿险保费大约占整个人寿保险保费的 90% 以上,分红寿险的最大特点是保险公司每年要将经营分红寿险的部分盈余以红利的形式分配给保单持有人。分红寿险相比传统寿险的一个吸引力,在于保单持有人可能获得潜在的收益。银行邮局代理销售的几乎全是分红寿险。一些消费者听说有很高的回报,就匆匆投保分红寿险,这是不理性的投保行为。现实中,分红寿险的红利一般都很低。万能寿险的最大特点就是灵活性,保费缴纳和保额均可灵活调整。投资连结保险与传统寿险有很大区别,投资连结保险更偏重投资功能,保障功能相对弱。保费只有很少一部分用于购买保障,绝大部分都进入专门设立的投资账户进行投资。通常,保险公司会设置不同风险等级的投资账户,供投保人自行选择,投资风险完全由投保人承担,投资收益也全归投保人所有。从设计结构上来看,投资连结保险类似于一份保障型寿险加上一份基金。另外,投资连结保险不设预定利率,这与其他人寿保险完全不同。

近几年,保险监管部门呼吁保险回归保障功能(保险姓保),新型人寿保险的保费占比急剧下降,特别是投资连结保险和万能寿险的保费占比已经微不足道,很多保险公司已经停止开发和销售投资连结保险和万能寿险。目前,我国国民的保险意识还是比较淡薄的,很多家庭连保障类保险都还未投保或投保不足。事实上,在保险计划的安排上,应该是优先安排保障类保险,然后才考虑有投资收益的保险产品。保障功能是根本,收益是第二位的。另外,保险并非是一种理想的投资工具,从现实数据来看,我国保险资金运用的收益率水平大多数年份都是很低的。因此,消费者对待投资功能的寿险要保持理性的心态。

二、人身意外伤害保险

人身意外伤害保险是以被保险人的身体为保险标的,当被保险人因遭受意外伤害导致身故、残疾时,保险人按照合同约定给付保险金的人身保险。意外伤害包括意外和伤害两层含义。伤害指人的身体受到侵害的客观事实;意外是就被害人的主观状态而言的,指侵害的发生是被害人事先没有预见到的,或违背被保险人主观意愿的。意外伤害保险中所称的"意外伤害"是指在被保险人没有预见到或违背被保险人意愿的情况下,突然发生的外来致害物对被保险人的身体明显、剧烈地侵害的客观事实。保险公司在意外伤害保单中,一般统一将意外伤害定义为:以外来的、突发的、非本意的、非疾病的客观事实为直接且单独的原因致使身体受到的伤害。典型的意外伤害如车祸、空难、溺水、遭到袭击、食物中毒等。注意:疾病导致被保险人的死亡和残疾不属于意外伤害保险的保险责任范围。

(一)　意外伤害保险的特征

1. 意外伤害保险的保险费率制定

意外伤害保险的纯保险费率是根据保险金额损失率计算的。与人寿保险中被保险人的死亡概率取决于年龄不同,意外伤害保险的被保险人遭受意外伤害的概率取决于其职业、工种或所从事的活动,一般与被保险人的年龄、性别、健康状况无必然的内在联系。被保险人的职业、工种是人身意外伤害保险费率制定的重要因素,在其他条件都相同的情况下,被保险人的职业、工种、所从事活动的危险程度越高,应交的保险费就越多。

保险职业分类表中,一般将不同职业(工种)的风险等级从低到高分为1~6级,还有部分风险最高的为拒保。如金融业中,一般内情人员风险等级为1级,现金运送人员风险等级为4级;电影、电视业中,导演风险等级为1级,武打演员和特技演员风险等级为拒保;空运行业中,机场塔台工作人员风险等级为1级,民航客机飞行员和机上服务员风险等级均为6级;建筑工程行业中,建筑设计人员风险等级为1级,焊工、金属门窗装修工人等风险等级均为5级。

另外,意外伤害保险属于短期保险,保险期限一般不超过1年,因此,意外伤害保险的保险费计算一般也不考虑预定利率的因素。意外伤害保险保险费的计算原理类似于财产保险,主要考虑意外事故发生频率及其对被保险人造成的伤害程度两个因素。

2. 意外伤害保险的承保条件宽松

相对其他保险业务,人身意外伤害保险的承保条件很宽松,对被保险人的身体和年龄要求很松。对被保险人不进行体检,高龄者可以投保(有些意外伤害保险被保险人的投保年龄甚至可达 90 岁)。而且能投保的保险金额通常也较高。

3. 保险费率较低,保障性大

意外伤害保险只有纯保障功能,其保费水平是所有人身保险中最低的,很少的保费就能买到很高的保障,几乎所有人都能承受意外伤害保险的保费。保险计划安排时,意外伤害保险可以作为人生第一份保单。特别是刚踏入职场的年轻人,因为经济实力有限,可以首先投保意外伤害保险。老年人也要重视意外伤害保险,因为由于身体、年龄等原因可能其他保险已经不能投保。

4. 理赔复杂,技术难度大

与人寿保险和健康保险相比,意外伤害保险的理赔复杂得多。意外伤害理赔涉及医学、伤害、法律等多学科知识,尤其是判定意外伤害容易出现分歧和纠纷。比如中毒,如果是急性中毒(如煤气中毒)就属于意外伤害,就要理赔;而慢性中毒(如铅中毒等职业病)就不属于意外伤害,就不理赔(职业病不是突发的,是由于伤害逐步形成的,而且是可以预见和预防的)。再如,斗殴致死不属于意外伤害,不理赔;但见义勇为受伤属于意外伤害,就要理赔。

5. 责任期限

意外伤害保险的保险期较短,一般不超过 1 年。但是,有些意外伤害造成的后果却需要一定时期以后才能确定,因此,意外伤害保险有一个关于责任期限的规定,即只要被保险人遭受意外伤害的事件发生在保险期限内,自遭受意外伤害之日起的一定时期内,即责任期限(通常为 90 天或 180 天)内发生死亡或残疾的后果,保险人就要承担给付保险金的责任。即使在死亡或者被确定为残疾时保险期限已经结束,只要未超过责任期限,保险人就要承担给付保险金的责任。

有一种情况,被保险人在保险期限内遭受意外伤害,责任期限结束时治疗仍未结束,尚不能确定最终是否造成残疾以及残疾程度,这时应该以此时点的情况来推定残疾程度并相应给付残疾保险金。

（二）意外伤害保险金的给付

意外伤害保险属于定额给付保险。在意外伤害保险中,死亡保险金的数额一般就是保险合同中约定的保险金额。而残疾保险金的数额则按保险金额的一定百分比给付,一般由保险金额和残疾程度两个因素确定,即残疾有轻重之分,要按照残疾的程度来给付相应的保险金。残疾程度一般以百分率表示,残疾保险金数额的计算公式是:

$$残疾保险金＝保险金额×残疾程度百分率$$

关于残疾程度及百分率的确定,中国人民银行于 1998 年发布《人身保险残疾程度与保险金给付比例表》(银发〔1998〕322 号),保险公司自 1999 年 7 月 1 日开始实施。该表将残疾程度分为 7 个等级共 34 项。2013 年底,中国保险行业协会与中国法医学会联合颁布《人身保险伤残评定标准》,要求保险公司自 2014 年 1 月 1 日开始执行,该新标准将残疾程度分为 10 个等级共 281 项,最重为第 1 级,最轻为第 10 级。新标准新增原标准未包括的 8 至 10 级的轻度伤残保障 100 余项,如新增手骨骨折、小孩股骨骨折等理赔项目,删除了原标准中无明确医学界定的模糊描述,明确增加了智力功能障碍、植物状态等残疾状态。

与人身保险伤残程度等级相对应的保险金给付比例分为十档,伤残程度第一级对应的保险金给付比例为 100％,伤残程度第十级对应的保险金给付比例为 10％,每级相差 10％。

例如,一侧眼球缺失属于伤残 7 级,残疾保险金按保险金额的 40％给付;二肢完全丧失功能属于伤残 2 级,残疾保险金按保险金额的 90％给付。

（三）意外伤害保险的分类

依据承保危险不同,意外伤害保险可分为普通意外伤害保险和特定意外伤害保险。

1. 普通意外伤害保险

普通意外伤害保险承保保险期限内各种意外伤害,不规定事故发生原因和地点。典型的如学生团体平安保险。

2. 特定意外伤害保险

特定意外伤害保险承保特定时间、特定地点或特定原因造成的意外伤害,期限一般很短。典型的如旅客意外伤害保险和旅游意外伤害保险。

旅客意外伤害保险中,有一种铁路旅客意外伤害保险。中华人民共和国成立后,政务院财经委于 1951 年 4 月 24 日颁布《铁路旅客意外伤害强制保险条例》,对铁路旅客意外伤害保险采取强制保险的方式(购买火车票必须投保该保险),同年 6 月 24 日实施,保险金额为 1 500 元(后增加到 2 万元),保险费包含在火车票价内,为票价的 2%,该条例直到 2013 年 1 月 1 日才被废止。现在乘坐火车要购买意外伤害保险是自愿的了。

现在,出门旅游或商务活动,最好投保交通工具意外伤害保险,该险种保障乘客乘坐民航客机或商业营运的火车(含地铁、轻轨)、轮船、汽车(含公交车、出租车)期间因遭受意外伤害事故导致的死亡和残疾。还可以附加航班延误保险。有些旅游景点门票费中包含有意外伤害保险保费。另外,意外伤害保险最好通过网络投保,保费更优惠。

(四) 意外伤害保险产品举例

意外伤害保险因为保费很低,一般很少通过保险代理人来销售。投保意外伤害保险最便捷的渠道就是通过网络,包括保险公司的官网或第三方保险销售平台如支付宝、中民保险网等。目前,支付宝的使用已经非常普及了,支付宝中保险投保路径为:支付宝—我的—蚂蚁保险—产品。进入产品后,可选择不同类型保险产品再进行比较挑选。下面以支付宝中销售的一款综合意外伤害保险"××综合意外"险和一款旅游意外伤害保险"××境内旅游险"为例进行介绍,见表 4-2、表 4-3。

表 4-2　××综合意外险

××综合意外险(尊享版)				
被保险人年龄	18~65 岁			
保费	150 元/年			
保障	意外伤害身故、残疾	意外医疗	乘坐营运交通工具意外	乘坐私家车意外	意外救护车费用
	50 万元	3 万元	50 万元	50 万元	800 元

这款综合意外险有几个特点:对被保险人遭受意外事故发生的医疗费用提供保障,而且对社会基本医疗保险范围内的医疗费用每次事故免赔为0后按100％赔付,对社会基本医疗保险范围外的医疗费用每次扣除100元免赔后按80％赔付;乘坐交通工具发生意外事故导致身故、残疾能得到双倍赔付(既能得到意外事故的保障,又能得到乘坐交通工具发生意外事故的保障);被保险人遭受意外事故,支出的救护车费用也能得到一定保障。

当前,旅游在人民生活中变得日益重要,出门旅行可能会碰到一些意外风险,因此,旅行前购买旅游意外伤害保险很有必要。这款旅游险有几个特点:保险期限有1天、3天、5天、7天、10天、15天、30天等选择,个人可依据自身旅行时间长短进行选择,一般来说,境内旅行30天足够满足需要;被保险人的年龄范围很宽,为3～80岁,几乎可以满足所有人的需要;意外伤害保险对高风险运动一般不提供保障,但这款旅游险除了对一般的意外伤害提供保障,还对跳伞、潜水、攀岩、探险活动等休闲娱乐性高风险运动中发生的意外伤害身故、残疾提供保障;对自驾游过程中因驾驶或乘坐自驾车发生交通事故导致的身故、残疾均提供保障(现在,自驾游的人日益增多,很多意外险对自驾并不提供保障);对被保险人在旅行期间,因过失造成意外事故导致第三方人身伤亡或直接财产损毁,也提供保障。此外,正如表中显示,如果选择7天的保险期限,对应表4-3相应的保障额度,保费仅需35元,这点保费相比于旅行费用来说微不足道。

表4-3 ××境内旅游险

××境内旅游险						
被保险人年龄	3～80 岁					
保费	35 元(保险期限 7 天)					
保障	意外身故、残疾	高风险运动意外身故	意外医疗费用	意外住院津贴	公共交通工具	自驾车	个人第三者责任
	50 万元	50 万元	10 万元	9 000 元	50 万元	50 万元	5 万元

三、健康保险

健康保险是以被保险人的身体为保险标的,使被保险人在疾病或意外事故所致伤害时发生的医疗费用或收入损失获得补偿的一种人身保险。按照保险责任,健康保险可分为医疗保险、疾病保险、失能收入损失保险、长期护理保险。

(一) 医疗保险

医疗保险是指以保险合同约定的医疗行为发生为给付保险金条件,为被保险人接受诊疗期间的医疗费用支出提供保障的保险。医疗费用是病人治病发生的各种费用,主要包含门诊费用、检查费用、医药费、住院费用、手术费用、护理费用、医院杂费等,医疗保险就是医疗费用保险的简称。

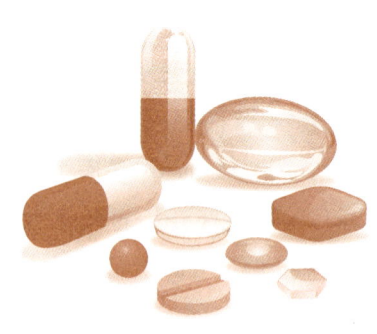

1. 医疗保险的主要类型

常见的医疗保险主要有普通医疗保险、住院保险、手术保险和综合医疗保险。

(1) 普通医疗保险。普通医疗保险主要承保被保险人治疗疾病的一般性医疗费用,主要包括门诊费用、医药费用、检查费用等。这种保险保费较低,比较适合没有参加基本医疗保险的民众。由于医药费用和检查费用的支出控制有一定难度,这种保单一般有免赔额和比例给付规定,保险人支付免赔额以上部分的一定百分比(比如80%),保险费用则每年更新一次。每次疾病所发生的费用累计超过保险金额时,保险人不再负保险责任。医疗保险一般属于费用补偿型保险。

(2) 住院保险。住院保险为住院所发生的相关费用提供保障。住院的费用项目主要有床位费、治疗费、设备费、检查费、手术费、医药费等。住院时间长短直接影响住院费用高低。为了控制不必要的长时间住院,保单一般规定保险人只负责所有费用的一定百分比(例如90%),或者只负责一定时间内的定额费用,如保险人只负责每天 80 元,一年不超过 180 天的费用。住院保险有费用补偿型和定额给付型。

(3) 手术保险。手术保险为被保险人因手术而发生的费用提供保障的医疗保险。这种保单一般负担所有手术费用。手术保险有费用补偿型和定额给付型。手术保险可作为独立险种,也可作为住院费用保险的附加险。

(4) 综合医疗保险。综合医疗保险是为门诊费用、住院费用、手术费用等提供全面保障的一种医疗费用保险。这种保单的保险费较高,一般确定一个较低的免赔额和适当的分担比例(如 85%)。

2. 医疗保险的常用条款

医疗保险的常用条款主要有免赔额条款、比例给付条款、给付限额条款和责任期限。

(1) 免赔额条款。医疗保险一般对一些金额较低的医疗费用采用免赔额的规定,保险人只负责超过免赔额的部分。一方面,对金额较低的医疗费用,被保险人在经济上可以承受;同时,规定免赔额后,可以省去保险人因此而投入的大量工作(保费反过来可以降低)。另一方面,免赔额的规定可以促使被保险人加强对医疗费用的自我控制,避免不必要的浪费。

(2) 比例给付条款。免赔额对控制小额医疗费用有一定作用,对大额医疗费用的控制几乎没什么用。为了控制医疗费用,避免不必要的浪费,医疗保险中通常有比例给付条款(又称"共保比例条款")规定。比例给付是指超过免赔额以上的医疗费用保险人和被保险人按照约定比例共同分摊。比例给付既可以按某一固定比例给付,也可按累进比例给付,即随着实际医疗费用支出的增大,保险人承担的比例累计递增,被保险人自负的比例累计递减。

(3) 给付限额条款。医疗费用支出高低与治疗方案有直接关系,为了控制医疗费用支出,保持合理水平,避免不必要的浪费,一般保险人医疗保险金的最高给付均有限额规定。

(4) 责任期限。与意外伤害保险类似,医疗保险中也规定,保险公司对被保险人在保险期限内发生约定的保险事故(患病治疗),从发生之日起要负责一定期限(如 90 天、180 天等),即使保险合同终止(保险期限过了)也要承担保险责任。

3. 医疗保险的给付方式

医疗保险按照保险金给付方式的不同,可分为费用补偿型医疗保险和定额给付型医疗保险。

费用补偿型医疗保险:也叫费用报销型医疗保险,是根据被保险人实际发生的医疗费用支出来给付。在保险额度和责任范围内,对被保险人的医疗费用花多少补偿多少;如果被保险人从第三方处获得补偿,保险公司仅补偿其差额部分;若投保人向多家保险公司投保,各保险公司根据一定比例分摊。总的给付金额不能超过被保险人实际发生的医疗费用。

定额给付型医疗保险:被保险人患病确诊,保险公司将根据事先约定的保险金额给付,投保的保险金额高,则给付高;如果是向多家保险公司投保,每一家保险公司都将按照投保的保险金额如数给付。定额给付型医疗保险的保险金给付与被保险人实际发生的医疗费用没有必然联系。

4. 医疗保险产品举例

近些年我国的医疗保障体系不断扩大,除了城镇职工医疗保险,还有城镇居民医疗保险、新型农村合作医疗保险、大病医疗保险等,尽管如此,仍然有很多医疗费用不在基本医疗保险保障范围,因此,投保商业医疗保险很有必要。近段时间,市场上出现了一些保障额度非常高的医疗保险,下面以支付宝中销售的一款"××长期医疗保障计划"为例进行介绍,见表4-4。

表4-4 ××长期医疗保障计划

××长期医疗保障计划	
保险金额	一般疾病及意外医疗:200万元 100种重疾:400万元
保障范围	不限病种,不限治疗时间,突破医保限制,住院费、手术费、药品费、特殊门诊、住院前7天后30天门诊等都保
免赔额	重大疾病0免赔,其他病种6年共享1万元免赔额
报销比例	有医保报销100%,无医保报销60%
理赔方式	上门垫付医药费/在线理赔

（续表）

××长期医疗保障计划		
续保	6 年保证续保。可逐年续保,最高到 100 岁	
年保费 （有医保）	0～4 岁	首次投保 588 元,续保 600 元
	5～10 岁	首次投保 166 元,续保 169 元
	21～25 岁	首次投保 149 元,续保 152 元
	31～35 岁	首次投保 299 元,续保 305 元
	41～45 岁	首次投保 539 元,续保 550 元
	51～55 岁	首次投保 999 元,续保 1 019 元

这款医疗保险有几个特点:保障金额非常高,这是目前市场上百万医疗险的共同点,事实上,很少有疾病的治疗费用能达到几百万的,因此,投保这类医疗保险对其保险金额要有理性的认识,否则很容易产生用很少保费买到超高额保障的想法(这也是这类医疗保险的营销卖点,监管部门对此已经提出警示);该保险的理赔不受医保目录限制,这正是商业医疗保险的意义和价值所在;理赔方面,保险公司可垫付医药费,这能极大地减轻被保险人的经济压力;续保方面,该保险明确 6 年保证续保(无论被保险人的身体出现什么情况或是否有理赔),而且按照保证续保的规定,保证续保期间保费是不能上涨的,目前市场上同类保险基本上没有保证续保的规定,而且该保险规定,如果被保险人逐年续保能获得保险公司审核通过,最高可续保至 100岁;免赔额方面,6 年累计 1 万元,市场上同类产品基本上都是每年 1 万元,这也是该产品的优势。

（二）疾病保险

疾病保险是指以保险合同约定的疾病发生为给付保险金条件的保险。某些特殊的疾病往往给病人带来高额的医疗费用支出,例如癌症、心脏病等。因此,保单的保险金额要比较高,才足以支付各种治疗费用、康复费用以及因病不能工作导致的收入损失。疾病保险的给付方式一般是在确诊为特种疾病后,立即一次性支付保险金。

重大疾病保险是健康保险中非常重要的险种。家庭成员一旦患上重大疾病,其治疗费用是很惊人的,有些家庭因此而陷入财务困境,见表 4-5。重大疾病保险的根本目的就是为病情严重、花费巨大的疾病治疗提供经济支持。重大疾病保险于 1983 年在南非出现,1995 年被我国引入。

表 4-5　部分重大疾病的治疗和康复费用

疾病种类	治疗费用	康复费用
恶性肿瘤	10 万～30 万	5 万～20 万
急性心肌梗塞	5 万～20 万	5 万～10 万
脑中风后遗症	10 万～20 万	5 万～15 万
重大器官移植术或造血干细胞移植术	20 万～30 万	15 万～20 万
冠状动脉搭桥术(或称冠状动脉旁路移植术)	20 万	10 万～20 万
终末期肾病(或称慢性肾功能衰竭尿毒症期)	10 万/年	5 万/年

1. 重大疾病保险保障病种

重大疾病保险在进入市场一段时间后,在我国医疗保障体系不够健全的背景下,在应对重疾导致的大额医疗费用开支方面发挥了比较重要的作用,但是,保险纠纷也不断,主要原因在于重疾险种的疾病定义和医学标准是由保险公司自行制定的,很多保险公司对重疾的医学标准制定较严,与临床医学中的标准并不完全相符,由此产生纠纷。为此,2007 年 8 月 1 日,中国保险行业协会和中国医师协会联合制定《重大疾病保险的疾病定义使用规范》,对重大疾病保险中常见的 25 种重大疾病进行统一规范,要求保险行业使用统一的重疾定义,见表 4-6,且保险期间主要为成年人阶段(十八周岁以上)的保险产品若以"重大疾病保险"命名,其保障范围必须包括 25 种疾病中发生率最高的 6 种疾病。除此 6 种疾病外,规范中其他疾病种类,保险公司可以选择包括,但是必须使用规范中的疾病名称和定义。同时,根据市场需求和经验数据,保险公司可以在其重大疾病保险产品中增加 25 种疾病以外的其他疾病种类,并自行制定相关定义。目前,市场上销售的重疾险保障的重疾种类一般都有五六十种以上,有些重疾险产品保障的重疾种类已多达上百种。另外,很多重疾险对轻症也提供保障,以此来增强产品的吸引力。

表 4-6　《重大疾病保险的疾病定义使用规范》包含的疾病种类

必保的 6 种疾病	恶性肿瘤;急性心肌梗塞;脑中风后遗症;重大器官移植术或造血干细胞移植术;冠状动脉搭桥术(或称冠状动脉旁路移植术);终末期肾病(或称慢性肾功能衰竭尿毒症期)
其他 19 种疾病	多个肢体缺失;急性或亚急性重症肝炎;良性脑肿瘤;慢性肝功能衰竭失代偿期;脑炎后遗症或脑膜炎后遗症;深度昏迷;双耳失聪;双目失明;瘫痪;心脏瓣膜手术;严重阿尔茨海默病;严重脑损伤;严重帕金森病;严重Ⅲ度烧伤;严重原发性肺动脉高压;严重运动神经元病;语言能力丧失;重型再生障碍性贫血;主动脉手术

2. 重大疾病发生率特征

根据统计资料,我国 6 病种(恶性肿瘤等)最低发生率年龄男性为 9 岁,女性为 7 岁,58 岁男性和 57 岁女性死亡率最高,分别为 64.8%和 64.63%。25 病种最低发生率男性是 12 岁,女性是 7 岁,59 岁男性和 57 岁女性死亡率最高,分别为 68.22%和 67.9%。另外,35 岁和 50 岁男性 6 病种发病概率分别是发生率最低 9 岁时的接近 6 倍和 34 倍。步入中年的疾病高发期后,同年龄的男性发病率明显高于女性。

恶性肿瘤等 6 种常见重疾的发生率,在全部 25 种重疾中占比居高不下,在较多年龄段中占比 60%～90%,最高的占比达 94.5%。

由此可见,25 种重疾必须要统一规范,特别是对恶性肿瘤等 6 种重疾,监管部门要求重疾险产品必须予以保障。

3. 重大疾病保险分类

1)保障期限

按照保障期限不同,重疾险可分为定期重大疾病保险和终身重大疾病保险。

定期重大疾病保险:为被保险人在固定期间内提供保障。固定期间可以按年数确定(如 10 年),也可以按被保险人年龄确定(如保障至 70 岁)。

终身重大疾病保险:为被保险人提供终身保障。终身保障的形式有两种:一种是为被保险人终身提供重大疾病保障,直至被保险人身故;另一种是指设一个"极限"龄(如 100 周岁),当被保险人健康生存至这个年龄时,保险人给付与重大疾病保险金额相等的保险金,保险合同终止。终身重大疾病保险产品一般都含有身故保险责任,费率相对比较高。

从保险期限来看,选择终身保障的比较好,一般情况下,年龄越大,患重大疾病的风险也越高。

2)投保方式

按投保方式不同,重疾险可分为消费型重大疾病保险和返还型重大疾病保险。

消费型重大疾病保险:保险期内发生合同约定的保险事故时按合同约定赔偿,合同期满保险公司不退还保费。消费型重疾险一般仅收取为承担风险保障需要的保费,保费比较低,且保障期一般较短。比较适合大众需求。

返还型重大疾病保险:保险公司在合同期间内承担保单约定的保险事故的赔偿责任,如果保险期满没有发生保险事故,则返还所交的保费。返还型保险能将保费返还是因为收取的保费比较多,保险公司将收取的保费进行投资,产生的收益用于承担风险责任部分的风险保费,所以能做到保险期满进行返还。返还型重疾险的保险费比较高。

实际上,返还型重疾险是将保障功能和储蓄功能合在一起,而消费型重疾险是将保障与储蓄拆开,为客户提供一种纯粹的、高性价比的保障型产品。

3)注意事项

(1)观察期。疾病保险一般都规定了观察期,通常为合同生效后90天或180天。被保险人在观察期内患病,保险人不负责,观察期结束后保险单才正式生效。规定观察期目的是防止被保险人带病投保,因为一些疾病在患病早期检查不出来。

(2)轻症理赔。一些重疾险保单规定,不仅对重疾提供保障,对轻症也提供保障,而且理赔次数可能在1次以上。

(3)保障疾病种类并非越多越好。购买重疾险产品时,并非保障的疾病种类越多越好,数据统计显示,6种重疾(必保)的发生率占所有重疾发生率的80%,25种重疾的发生率占所有重疾发生率的90%以上。有些保险公司重疾险保单保障的疾病多达百种,但25种重疾以外的其他重疾发生率是很低的。保障的疾病种类多了,保费相应增加,不一定合算。

（4）尽量选择年缴。保费缴付采用年缴方式比较好,年缴因缴费期限长且分散,投保人缴费时的压力不会很大。大多数保险公司规定,如果重大疾病保险金的给付发生在缴费期内,从给付日起就可豁免以后的各期保费。

（5）投保最佳时期。由于保费支出与投保年龄是成正比的,保障责任相同的情况下,年龄越大,保费越高,所以应该尽早购买保险。当然,年龄较轻时,患重疾的概率很低,而且保费承受力有限(重疾险保费远比意外险和人寿险贵)。综合考虑,30～40周岁是购买重大疾病保险的最佳时期。超过40岁,重疾险保费会显著上升。

（6）税收优惠型健康险。2015年底,财政部、国家税务总局、保监会发布《关于实施商业健康保险个人所得税政策试点的通知》,自2016年1月1日起,规定对试点地区个人购买符合规定的健康保险产品的支出,按照2 400元/年(200元/月)的限额标准在个人所得税前予以扣除,相当于个人所得税起征点从目前的3 500元提高到3 700元,2017年7月1日,该规定扩大到全国范围。对个人购买健康保险的税收给予政策优惠,将对健康保险起到积极的推动作用。

4) 重大疾病保险产品举例

表4-7以中民保险网上销售的一款"××重大疾病保险"为例进行讲解。

表4-7　××重大疾病保险

××重大疾病保险	
被保险人年龄	30天～55岁
保障	105种重疾＋55种轻症(重症赔3次,轻症赔2次) 轻症保障＝重疾保障×30% 重症或轻症豁免余下保费 身故保障
保费	30岁男性:5 160元/年(保险金额30万元,缴费期限30年)
	30岁女性:4 620元/年(保险金额30万元,缴费期限30年)

这款重疾险有几个特点:对重疾和轻症均提供保障,而且保障的疾病种类比较多;重疾分四组,保险期内每组可赔 1 次,累计可赔 3 次,轻症也分为四组,每组可赔 1 次,累计可赔 2 次,而一般的重大疾病保险对保障的重疾和轻症只赔 1 次[当然,一生中患几次重疾或轻症(且不同组别)的概率要低很多];轻症的保险金额是重疾保障的 30%,保障相对较高,而一般的重大疾病保险轻症的保险金额是重疾保障的 20%~25%;因重疾和轻症的理赔次数较多,一旦被保险人患保障的一种重疾或轻症,余下的保费全部豁免。另外,这款保险的保费也是市场上比较低的。

(三) 失能收入损失保险

失能收入损失保险是指以因保险合同约定的疾病或者意外伤害导致工作能力丧失为给付保险金条件,为被保险人在一定时期内收入减少或者中断提供保障的保险。其主要目的是为被保险人因丧失工作能力导致收入的丧失或减少提供经济上的保障,但不承担被保险人因疾病或意外伤害所发生的医疗费用。

1. 失能收入损失保险类型

失能收入损失保险一般分为两种:一种是补偿因伤害而致残疾的收入损失;另一种是补偿因疾病造成残疾而致的收入损失。在实践中,因疾病而致残疾比因伤害而致残疾更为多见一些。

2. 失能收入损失保险的特点

(1) 给付限额。失能收入损失保险是补偿性保险,其保险金给付额一般都有一个最高限额,该限额低于被保险人在伤残以前的正常收入水平(不能完全补偿被保险人因伤残而致的收入损失)。这一限制的目的是为了促使残疾的被保险人尽早重返工作岗位。

(2) 给付方式。失能收入损失保险一般是按月或按周进行补偿,主要根据被保险人的选择而定,每月或每周可提供金额一定的收入补偿。

(3) 给付期限。给付期限是指保单支付保险金的最长时间。给付期限可以是短期,也可以是长期。短期补偿是为了补偿被保险人在身体恢复前不能工作的收入损失;长期补偿是为了补偿被保险人全部残疾而不能恢复工作的收入损失。一般而言,给付期限从 13 周、26 周、52 周,到 2 年、5 年或给付至65岁甚至终身。给付期限越长,保费越高。

(4) 免责期。免责期又称为"等待期",是指在残疾失能开始后无保险金可领取的一段时间,即残疾后的前一段时间。免责期的设定目的在于排除一些不连续的疾病或受伤,因其所致丧失劳动能力可能只有几天,或者在短时间内,被保险人还可以维持一定生活。同时,设置免责期还可以通过取消对短期残疾的给付而减少保险成本。免责期一般为30天、2个月、3个月、6个月和1年等,免责期越长,保费越低。

(四) 长期护理保险

长期护理保险是指为因年老、疾病、伤残而需要长期照顾的被保险人提供长期护理服务费用保障的健康保险。一般的医疗保险或其他老年医疗保险不提供长期护理的保障。长期护理保险是健康保险非常重要的组成部分,在国外比较流行,是应对人口老龄化的重要手段。护理保险的保险范围分为医护人员看护、中级看护、照顾式看护和家中看护四个等级。医护人员看护等级最高。

长期护理保险的注意事项:

(1) 长期护理保险保险金的给付期限。长期护理保险保险金的给付期限有1年、数年和终身等几种不同的选择,同时也规定有20天、30天、60天、90天、100天等多种免责期。被保险人从开始接受承保范围内的护理服务之日起,至免责期满,不属保障范围。免责期越长,保费越低。终身给付保单通常很昂贵。

(2) 长期护理保险的保费。长期护理保险的保费通常为平准式,也有每年或每一期间固定上调保费的,其年交保费因投保年龄、等待期间、保险金额和其他条件的不同而有很大区别。护理保险一般都有豁免保费保障,即保险人开始履行保险金给付责任的60天、90天或180天起免交保费。

(3) 保单续保。所有长期护理保险都是保证续保的,可保证对被保险人续保到一特定年龄,如79岁,有的甚至保证对被保险人终身续保。保险人可以在保单更新时提高保险费率,但不得针对具体的某个人,必须一视同仁地对待同样风险情况下的所有被保险人。

胡适说保险

保险的意义，
只是今日作明日的准备，
父母作儿女的准备，
儿女幼小时，作儿女长大时准备而已；
今天预备明天，这是真稳健；
生时预备死时，这是真旷达；
父母预备儿女，这是真慈爱；
不能做到这三步，不能算作现代人。

图 4-1 胡适说保险

复习思考题

1. 保险的种类有哪些？

2. 如何选择适合自己的保险？

3. 您购买过哪种保险？

4. 您认为哪种保险更适合老年人购买？

第五章

基 金 产 品

知识要点

1. 证券投资基金是一种利益共享、风险共担的集合证券投资方式,是通过发行基金单位集中基金投资人(基金份额持有人)的资金,由基金托管人托管,基金管理人管理和运用资金,从事股票、债券等金融工具投资,并将投资收益按基金投资人的基金持有份额进行分配的一种间接投资方式。

2. 基金的特点:专业管理、组合投资、分散风险、投资门槛低、投资费用低等。

3. 基金按份额可否赎回、组织类型、收益与风险目标、投资对象、资金募集方式可分为不同基金。

4. 目前我国市场主要基金类型及其规模。

5. 基金定投策略、基金定投优点、收益考察、选择标准、适合人群及其他重要事项。

生活金融案例

投资基金的经验与教训

2016年5月,老宋去银行取一笔到期的存款,在银行员工的介绍下糊里糊涂地当上了基民。刚开始他什么也不懂,一遇到问题只会在网上发帖子求助,总有一些好心的网友帮助他。1年之后,老宋无意中发现自己购买的基金超过了20%,大喜过望,一口气又先后追加了几只基金。2011年春节,老宋对自己不满意的个别基金进行了调整,并忍痛赎回了部分基金。在交了大笔学费之后,老宋发现了学习的重要性,开始恶补关于基金的各种知识。

案例分析

新手买基金一定要注意如下问题。一是要加强学习,切忌稀里糊涂。花点时间搞明白了再投资也不迟。贸然进入投资市场,是有风险的。二是要善于总结经验教训,在申购基金时还是要慎重,不要轻易做出申购决定。投资有风险,入市需谨慎!那种见到别人赚钱,不买就来不及了的浮躁心理不可取。申购后就不要轻易动。持有一段时间后,适时选择调仓或者趁优惠时转换或赎回。有些公司同类基金转换是免手续费的,大家可以随时登录公司网站观察动态。

基金产品投资分析

一、基金概述

证券投资基金是一种利益共享、风险共担的集合证券投资方式,是通过发行基金单位,集中基金投资人(基金份额持有人)的资金,由基金托管人托管,基金管理人管理和运用资金,从事股票、债券等金融工具投资,并将投资收益按基金投资人的基金持有份额进行分配的一种间接投资方式。

二、基金产品的特点(优点)

1. 专业管理

基金由投资专家运作管理并专门投资于金融市场。由于金融市场易受政治、宏观经济以及证券发行主体的多种因素影响,普通投资者受专业知识、信息、精力等不足的限制而难以获得理想的收益。基金管理机构拥有众多的经济专家、财务专家和投资分析师,对国内外的政治、经济形势以及各行业、公司的运营有系统的研究,具有丰富的投资经验和娴熟的投资技巧,较普通投资者能获取更优的投资回报。

2. 组合投资、降低风险

基金将成千上万投资者的小额资金汇聚为数额巨大的资金,再分散投资于不同的金融工具构建投资组合,可以最大限度地降低组合的非系统风险。一般来说,基金的组合投资风险远小于小额投资者由于资金量的局限而集中投资的风险。

3. 投资门槛低

基金的最低投资额一般很低。在我国,封闭式基金最低可购买100份(1手)基金份额,价格通常在 1 元左右,如 2017 年 7 月 25 日,基金银丰(500058)的收盘价为 0.986 元,购买 1 手只需不到 100 元;开放式基金一般最低投资金额为 1 000 元,有些投资渠道只需 100 元甚至低至 1 元。基金投资门槛低,使得小额投资者也可以参与投资。

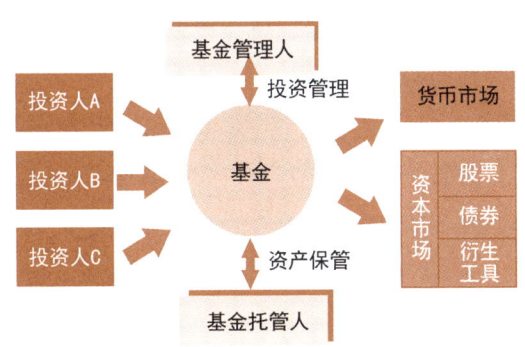

图 5-1　基金的运作

4. 通过基金进行投资费用低

由于基金的资金量大,在进行证券交易时通常能在证券交易佣金方面得到优惠,投资成本从而降低,这种优势一般是个人投资者不具备的。另外,为了支持基金业发展,很多国家和地区还给予基金税收优惠。

三、基金的分类

（一）按基金份额可否赎回划分

（1）开放式基金。基金发起人设立基金后，允许投资者向基金管理公司申购和赎回基金单位，基金单位总数不固定。目前，开放式基金在很多国家（包括中国内地）是基金的主流品种。

（2）封闭式基金。指在设立基金时，规定基金的封闭期限并固定基金发行规模（份数），在封闭期限内投资者不能向基金管理公司要求申购和赎回，基金单位只能在证券交易所或其他交易场所内转让。基金单位总数在封闭期内始终保持不变。封闭式基金的交易与股票几乎一样，其价格常常偏离基金净值。

（二）按组织类型划分

（1）公司型基金：通过发行股份募集资金而设立的一种基金。基金的投资者就是该基金的股东，凭其持有的基金份数（股份）依法享有股东权益。公司型基金实质上就是一家股份有限公司。

（2）契约型基金：投资者、基金管理人、基金托管人作为基金的当事人通过签订基金契约的形式发行受益凭证而设立的一种基金。投资者一般不能干预基金的运作。我国目前的基金均属于契约型基金。

（三）按收益与风险目标划分

（1）收入型基金。其投资目标为追求基金当期收入，其投资对象主要是绩优股、固定收益证券等收入比较稳定的有价证券。

（2）成长型基金。其投资目标为追求长期资本增殖，其投资对象主要是成长前景好的公司股票或价值被认为低估的股票。

（3）平衡型基金。其投资目标为兼顾长期资本增值和当期收入，这类基金的投资对象主要是债券、优先股和部分普通股。

（四）按投资对象划分

（1）货币市场基金。其投资对象是国库券、政府机构债券、中央银行票据、金融债券、债券回购、同业拆借、银行承兑票据、银行定期存单、商业票据等各种货币市场金融工具。货币市场基金有"准储蓄"之称。

（2）股票型基金。这是指投资对象主要是股票的基金。根据中国证监会对基金类别的分类标准,股票基金投资于股票的资产占比达到 80％以上。

(3)债券型基金。这是指投资对象主要是债券的基金。根据中国证监会对基金类别的分类标准,债券基金投资于债券的资产占比达到 80％以上。

(4)混合型基金。这是指同时以股票、债券、货币市场工具为投资对象的基金。根据中国证监会对基金类别的分类标准,投资于股票、债券、货币市场工具,但股票投资和债券投资的比例不符合股票基金、债券基金规定(即股票资产或债券资产不超过 80％)的为混合型基金。根据股票、债券投资比例以及投资策略的不同,混合型基金又可分为偏股型基金、偏债型基金、配置型基金等类型。偏股型基金的股票资产比例高于债券资产,比例超过 10％,偏债型基金的债券资产比例高于股票资产,比例超过 10％。配置型基金又称为资产灵活配置型基金,其最大特点在于,基金可以根据证券市场情况显著改变资产配置,投资于任何一类证券的比例都可以高达 95％(需保留至少 5％的资产为货币类资产)。

因投资对象不同,不同类型基金的风险不同,风险从高到低的顺序一般为:股票型基金、混合型基金、债券型基金、货币市场基金。

(五) 按资金募集方式划分

(1)公募基金。公募基金以公开方式面向社会公众投资者募集资金,公募基金的资金募集对象不确定,投资金额要求低,适宜中小投资者参与,公募基金要接受严格监管,必须遵守基金相关法规,公开信息披露要求高。

(2)私募基金。私募基金只能采取非公开方式向特定的投资者发行。私募基金不能进行公开宣传推广,投资者的资格通常有严格限制,投资门槛一般较高。私募基金的监管相对较松,信息披露要求低,投资对象和投资方式的灵活性很大。

截至 2017 年 12 月底,我国境内共有基金管理公司 113 家,管理的公募基金资产合计 11.6 万亿元,见表 5-1。

表 5-1　2017 年底公募基金市场数据

类别	基金数量（只）	份额（亿份）	净值（亿元）
	2017/12/31	2017/12/31	2017/12/31
封闭式基金	480	5 863.27	6 097.99
开放式基金	4 361	104 326.82	109 898.87
其中:股票基金	791	5 847.66	7 602.40
其中:混合基金	2 096	16 315.05	19 378.46
其中:货币基金	348	67 253.81	67 357.02
其中:债券基金	989	14 091.62	14 647.40
其中:QDⅡ基金	137	818.68	913.59
合　计	4 841	110 190.09	115 996.86

资料来源:中国证券投资基金业协会

四、中国金融市场主要的基金类型

2001 年,开放式基金在我国出现后,基金品种创新不断,数量和规模飞速发展。目前,我国金融市场上的开放式基金包括:货币市场基金、理财基金、保本基金、指数基金、交易型开放式指数基金(ETF)、ETF 链接基金、上市开放式基金(LOF)、股票基金、混合基金、债券基金、QDⅡ基金、基金的基金(FOF)、分级基金、量化投资基金、私募基金等。下面来介绍一些比较重要的,适合于普通投资者投资的基金。

（一）货币市场基金

最早出现在我国的货币市场基金是 2003 年 12 月 14、15、16 日分别发行的华安现金富利基金、招商现金增值基金、博时现金收益基金。

1. 特点

(1) 投资于货币市场工具。依据《货币市场基金监督管理办法》规定,货币市场基金的投资对象包括:现金、银行存款、债券回购、中央银行票据、同业存单、债券、非金融企业债务融资工具、资产支持证券等。货币市场金融工具的风险低,流动性高,货币市场基金的投资组合平均期限一般在 180 天内,投资风险较低。

(2) 基金净值始终保持每份 1 元,收益分配自动转为基金份额——红利再投资(相当于复利投资)。红利再投资是货币市场基金独特的分红方式,会使得投资者的基金份额不断增加,投资者如果需要变现,直接赎回即可。

(3) 免申购费、免赎回费。货币市场基金不收取申购费和赎回费,交易费用为零,而且货币市场基金的管理费率和托管费率也低于其他类型基金。

(4) 流动性好,赎回资金到账快。我国货币市场基金赎回资金到账一般为 T+2 日,即 T 日申请赎回,2 个工作日后赎回资金到达投资者的银行账户。目前,一些货币市场基金和投资渠道实现了 T+1,甚至 T+0。比如工商银行"利添利"账户在 2007 年就实现了 T+0 到账,一些基金公司规定通过其官网赎回资金 T+0 到账;基金第三方销售平台——天天基金网的活期宝,赎回资金 1 秒到账,这种情况实际上是平台垫资。货币市场基金的流动性好,使其成为机构和个人流动性管理的重要工具。

(5) 收益相对高。货币市场基金的收益明显高于活期存款,通常也高于一年期定期存款。2017 年以来,随着整个金融市场资金面偏紧,货币市场基金收益不断走高,不少货币市场基金的 7 日年化收益率持续高于 4%,远高于一年期定期存款。如鹏华添利宝货币(001666)自 2017 年 2 月 26 日起,博时兴荣货币(004282)自 2017 年 3 月 22 日起,博时合利货币(002960)自 2017 年 3 月 11 日起,国投瑞银钱多宝货币(000837)自 2017 年 2 月 20 日起,到 2017 年 7 月 25 日最新的日期,7 日年化收益率均持续高于 4%。

2. 常用收益指标

(1) 日万份收益。基金公司每日公布当日每万份基金单位实现的收益金额,即投资者当日的真实收益。其计算方式如下。

日万份收益=当日基金收益÷当日基金份额总数×10 000

投资者当日收益=(持有货币基金份额÷10 000)×日万份收益。

假设某投资者持有泰达宏利货币 A 份额 50 000 份,2017 年 7 月 25 日当日万份收益为 2.342 5 元,则投资者当日收益=(50 000÷10 000)×2.342 5=11.712 5(元)。

(2) 7 日年化收益率。这是货币市场基金最近 7 日的平均收益水平(即过去 7 天的日万份收益平均)进行年化以后得出的数据,只能当作一个短期指标来看,通过它可以大概参考近期的盈利水平,不能作为长期收益水平的判断指标。因货币市场基金的每日收益通常不断变动,因此七日年化收益率并非实际年收益。如果要了解其长期收益水平,投资者应该关注长期指标,如近 1 年收益率等。

例如泰达宏利货币 B,2017 年 7 月 25 日的七日年化收益率高达 6.261 0%,但是近 1 年的收益率只有 3.27%,长期收益率远低于其近期收益率。

2017 年以来,货币基金规模快速增长,整个公募基金规模的增长几乎全部来自货币基金。规模最大的货币基金是天弘余额宝货币,2017 年 6 月底其规模达到 1.43 万亿元,超过招商银行 2016 年年底的个人活期和定期存款总额,见表 5-2。

表 5-2　2017 年上半年货币基金规模排名

排名	基金代码	基金简称	资产净值(亿元)
1	000198	天弘余额宝货币	14 318.05
2	482002	工银货币	1 587.11
3	000693	建信现金添利货币 A	1 098.37
4	002679	工银安盈货币 A	991.20
5	000588	招商招钱宝货币 A	865.25
6	511990	华宝兴业现金添益 ETFA	827.80
7	370010	上投摩根货币 A	769.91
8	000379	平安大华日增利货币	724.91
9	000009	易方达天天理财货币 A	693.68

(二)保本基金

保本基金指在基金产品的一个保本周期(一般为 2~3 年)内,对投资者的本金提供一定比例(一般是 80%~100%)保证的基金。我国首只保本基金是 2003 年 6 月 27 日成立的南方避险增值基金。

1. 特点

(1)本金保证,风险低。投资者在投资到期日,可以获得保证部分的本金,未保证部分的本金存在风险。保本基金一般安排一个专门的保证人,保证人会出具担保函,来提供到期的保证责任。如果保本期限到期,基金累计资产净值达不到约定的保本价值,则由保证人提供差额部分资金,基金公司从基金管理费中定期支付担保费给保证人。

(2) 提前赎回不保本。一般情况下,投资者可以在到期日前赎回,但提前赎回将得不到任何保证,而且通常有惩罚性的赎回费。目前,以我国保本期3年的保本基金来说,通常1年内赎回需缴纳2%的赎回费,1~2年赎回缴纳1.5%的赎回费,2~3年赎回缴纳1%的赎回费,3年以上赎回则无需缴纳赎回费。

(3) 申购受限,赎回自由。保本基金一旦发行,保本期限到期之前一般不再接受申购或只在有限的时间内接受申购,但一般可以接受赎回,所以保本基金是一种半封闭式基金。

2. 保本原理

保本基金运作原理是将基金资产分为两部分:一部分投资于低风险的固定收益证券(银行存款、国债等),为投资者提供一定比例的本金安全保证(完成保本目标);另一部分投资于高风险的金融工具(股票、衍生工具等),为投资者提供额外回报。所以保本基金为风险承受力低,又期望获得比银行存款利息高的收益,并且以中长期投资为目标的投资者,提供了一种低风险同时兼具一定升值潜力的投资工具。保守型、稳健型投资者、中老年投资者都适合投资保本基金。

例如,某保本基金的初始规模为10亿元,保证3年后资产100%保本。如果目前3年定期存款利率为3%,实现保本目标的方法如下。

基金经理需要将10亿元的基金资产分为两部分:一部分存3年期存款,到期实现保本,另一部分可从事高风险投资。

设3年期存款资产为A,则 $A \times (1 + 3\% \times 3) = 10$(亿元)

$$A = 917\ 431\ 193(元)$$

3. 保本基金收益考察

依据天天基金网提供的数据(2017年7月26日),目前,129只保本基金中,仅有11只基金近1年收益率超过3%。而同样期限的,成立满1年的159只A类货币基金中,有101只近1年收益率超过3%(A类货币基金投资门槛 100 元,B 类货币基金投资门槛 500 万元,B 类货币基金不适合普通个人投资者,适合于大额个人投资者和机构投资者进行流动性管理)。显然,保本基金的近 1 年收益相比货币基金没有优势,而且货币基金的交易费用为零(保本基金申购有手续费,提前赎回手续费高且没有保本保证),两种基金都是很安全的基金。近 1 年保本基金不理想与中国股市的投资回报有关。

长期来看,只有证券市场的平均投资收益率明显提升才有助于提高保本基金的收益水平。同样,依据天天基金网提供的数据(2017 年 7 月 26 日),目前,满 3 年的 25 只保本基金中,近 3 年收益率最低的是国联安保本混合(000058)的 11.70%,最高的是华安保本混合(000072)的 68%。而同样期限的,成立满 3 年的 101 只 A 类货币基金中,近 3 年收益率最低的是融通汇财宝货币 A(161622)的 6.60%,最高的是汇添富和聚宝货币(000600)的 12.25%。显然,长期来看,货币基金收益不如保本基金,这其中原因主要是 2014 年下半年到 2015 年上半年中国股市的繁荣提高了保本基金的收益(保本基金的部分资产可投资于股票等高收益资产),而货币基金不能投资于股市,因而不能分享股市繁荣带来的收益。

(三) 指数基金

指数基金选择一个特定市场指数进行跟踪,根据指数的标的成份股来构建投资组合,使基金的收益与该指数的收益大致相近。指数基金的核心理念就是通过被动地跟踪指数,在充分分散个股风险的同时,获取市场的平均收益。国内第一只指数型基金——华安上证 180 指数增强型证券投资基金于 2002 年 9 月 26 日发起成立。

1. 优点

(1) 分散投资,降低风险。这是指数基金最大的优点。一方面,由于指数基金通过跟踪指数来构建投资组合,一般的指数其成份股少则数十只,多则数百只,如沪深 300 指数的成份股达 300 只,指数基金一旦发行成立建仓完毕,就意味着基金资产投资于数十只甚至数百只股票,这样,单只股票的价格波动对基金的整体表现影响很小,借助充分的分散投资能有效地降低非系统风险。另一方面,由于指数基金跟踪的指数一般有较长的历史可追溯,因此,指数基金的风险一定程度上可以预测。此外,由于采取被动投资策略,管理过程减少了人为因素的影响,基金管理人的道德风险也得到了有效降低。

(2)赚了指数就赚钱。很多投资者时常面临"赚了指数不赚钱"的烦恼。这就是主动投资通常面临的问题,主动投资对选股和择时要求高,指数涨了不等于选的股票涨了。而指数基金是采取跟踪指数的被动投资,不需要精挑个股,对择时要求也不如主动投资高,指数涨了指数基金净值跟着上涨,肯定赚钱,在牛市中,因指数涨幅大,指数基金的收益是很可观的。

(3)业绩透明度较高。投资者只要观察指数基金所跟踪的目标指数的涨跌就可以大致估算出自己投资的指数基金净值的变动情况。

(4)费用低廉。由于指数基金采用被动投资,基金管理人不需要花大量的时间和精力来选择投资品种和买卖时机,因而投研支出费用低,这降低了基金的管理费用;另外,由于指数基金一般执行买入并长期持有的策略,通常不对投资组合频繁调整,一般只在所跟踪指数的成份股变化时才进行相应的调整,所以交易费用也会低于主动管理的基金。这些因素会使得指数基金的申购赎回费率明显低于股票型基金等。

鉴于指数基金的几个优点,个股分析能力不强、时间精力有限的投资者,尤其适合投资指数基金。

2. 分类

指数基金按照按复制指数方式的不同可分为完全复制型和增强型指数基金。

(1)完全复制型指数基金:几乎完全按照所跟踪指数的成份股和相应权重进行资产配置,以实现最大限度地减小跟踪误差。完全复制型指数基金的收益与其跟踪的目标指数几乎完全相同。

(2)增强型指数基金:大部分资产按照所跟踪指数的成分股和相应权重进行配置,一小部分资产进行积极的投资,以实现在跟踪目标指数的同时获得高于目标指数的收益的目标。增强型指数基金的跟踪误差要大于完全复制型指数基金。

3. 指数基金收益考察

考察指数基金的实际收益情况,指数基金收益排名依据跟踪方式有被动指数型(即完全复制型)和增强指数型,鉴于增强指数型加入了主动投资,其跟踪误差会加大,因此只考察被动指数型。

依据天天基金网提供的数据(2017 年 7 月 26 日),从近 1 年收益来看,331 只被动指数型基金中有 182 只取得正收益;从近 2 年收益来看,281 只被动指数型基金中有 68 只取得正收益;从近 3 年收益来看,152 只被动指数型基金中有 149 只取得正收益。其中,141 只收益超过 10%,132 只收益超过 20%,120 只收益超过 30%,103 只收益超过 40%,83 只收益超过 50%,63 只收益超过 60%,32 只收益超过 70%,20 只收益超过 80%,13 只收益超过 90%,6 只收益超过 100%。近 3 年收益表现很好,是因为 2014 年下半年到 2015 年上半年股市繁荣,指数大涨,指数基金涨幅很可观,很多指数基金这段时间的收益实现翻番。之后一段时间,股市暴跌,指数基金也深受影响。近 3 年收益中,仅有 3 只是负收益,由此可见,对长期投资来说,指数基金的风险是比较低的,指数基金是长期投资的重要选择。

此外,中国股市的波动一直很大,暴涨暴跌常见,反观成熟股市则要稳健很多,美国道琼斯指数在次贷危机爆发后下跌到 2009 年最低 6 440 点,之后一直持续上涨到目前 25 000 多点,跟踪道琼斯指数的基金收益稳健而且很客观。如果未来中国股市能像成熟股市一样更加稳健地持续上涨(慢牛),那么指数基金将是更受欢迎的长期投资工具。

(四) 交易型开放式指数基金

交易型开放式指数基金(Exchange Traded Funds,简称 ETF)又称交易所交易基金,是开放式指数基金的一种特殊类型,投资者既可以向基金管理人申购或赎回基金份额,又可以在二级市场上按市场价格买卖基金份额,兼具封闭式基金和开放式基金的运作特点。

1. ETF 的主要特点

(1) 申购、赎回的最小单位是 100 万份 ETF,因此 ETF 的发行和赎回是面向机构投资者和资金量大的个人投资者。

(2) 投资者申购和赎回 ETF 时,是以一揽子股票与基金份额进行交换。

（3）ETF 的买卖是在该 ETF 所挂牌的证券交易所的正常交易时间内以市价进行，投资者可以像买卖股票、封闭式基金那样在二级市场随时购买或出售 ETF。

（4）由于具备买卖和申购赎回两种机制，因此当 ETF 市场价格与基金单位净值之间存在价差时，投资者可以进行套利。套利机制的存在，使得 ETF 的二级市场交易价格与它拥有的一揽子股票价值（即单位基金资产净值）非常接近，避免了封闭式基金普遍存在的折价（或溢价）问题。

（5）ETF 因为是指数基金，相应地具有指数基金的优点：分散投资风险低；被动投资，跟踪某市场指数，以期获得与目标指数相近的投资收益率；透明度高，赚了指数就赚钱；交易成本低廉（指数基金的投研费用低，交易频率低）。

（五）ETF 联接基金

市场上有一种 ETF 联接基金，与 ETF 基金容易混淆。ETF 联接基金是将绝大部分基金资产投资于某一 ETF（目标 ETF），密切跟踪标的指数表现，可以在场外（银行渠道等）申购赎回的基金。根据证监会的规定，ETF 联接基金投资于目标 ETF 的资产不得低于联接基金资产净值的 90%，其余部分资产应投资于标的指数成分股和备选成分股。

ETF 联接基金有如下特点：

（1）ETF 联接基金和 ETF 基金是同一法律实体的两个不同部分，ETF 基金是主基金，ETF 联接基金依附于主基金，处于从属地位。联接基金通过主基金投资，若主基金不存在，联接基金也不存在。

（2）ETF 联接基金可通过银行渠道申购，可吸引数量庞大的银行客户通过 ETF 联接基金介入 ETF 的投资，增强 ETF 市场的交易活跃度。目前，申购 ETF 的门槛很高（通常为 100 万份），普通中小投资者很难投资 ETF，这就限制了 ETF 的发展。而联接基金的申购门槛很低（通常为 1 000 元甚至更低），为银行渠道的中小投资者申购 ETF 打开了通道。

（3）ETF 联接基金不能参与 ETF 基金的套利，发展 ETF 联接基金的目的是为了扩大指数基金规模，推动指数化投资。

（4）ETF 联接基金不是基金中的基金（FOF），ETF 联接基金完全依附于 ETF 基金(主基金),所有投资通过主基金进行,而 FOF 的投资对象通常是不同基金管理人管理的多只基金。

(5) ETF 联接基金提供定期定额投资方式,而 ETF 基金不提供这种投资方式。

(六) 上市型开放式基金

上市型开放式基金(Listed Open-Ended Fund,简称 LOF)中,投资者既可以通过证交所以交易系统撮合成交价进行基金的买入、卖出(场内交易),也可以通过基金管理人或其委托的销售机构按照基金净值进行基金的申购、赎回(场外交易)。LOF 基金为普通投资者提供了更方便的套利机会,当二级市场价格明显低于基金净值时,可在场内买入基金份额转入场外赎回实现套利;当二级市场价格明显高于基金净值时,可以通过场外申购转入场内卖出实现套利。

LOF 与 ETF 的区别如下:

(1) LOF 是交易方式创新,ETF 是产品创新(可上市交易的新型指数基金)。

(2) ETF 本质上是指数基金,属于被动管理型基金,而 LOF 则是普通的开放式基金增加了交易所的交易渠道,它可能是指数基金(被动管理型),也可能是主动管理型基金。

(3) LOF 基金的申购使用现金,赎回也是得到现金,而 ETF 基金则是使用一揽子股票与基金份额交换。

(4) 投资者参与门槛不同。ETF 一级市场投资门槛很高,如华夏上证 50ETF 基金的最小申购赎回单位是 100 万份,而 LOF 的一级市场门槛很低,与一般的公募基金没有区别。

(5) 基金净值报价上,LOF 一天提供一个基金净值报价,而 ETF 每 15 秒提供一个基金净值报价,ETF 的效率明显高于 LOF。

(七) QDⅡ基金

QDⅡ(合格境内机构投资者)基金是指在国内募集资金设立,经国家有关部门批准从事境外证券投资的证券投资基金。QDⅡ是在我国人民币没有实现可自由兑换、资本项目尚未开发的情况下,有限度地允许境内投资者投资境外证券市场的一项过渡性制度。QDⅡ的投资目标主要是通过在全球/区域进行资产配置和组合管理,降低投资组合的风险,并为投资者提供新的投资机会。2007 年 9 月,我国首只 QDⅡ基金——南方全球精选募集成立。

1. 优点

QDⅡ基金的优点有投资领域广,投资品种丰富。QDⅡ基金投资区域包括全球市场,对象如黄金 ETF、全球农产品指数、奢侈品、全球能源、石油天然气、全球债券指数、房地产信托基金等,品种如货币市场产品、股票、债券、存托凭证、资产支持证券、房地产信托凭证、结构性投资产品、公募基金、金融衍生品等,投资范围远比国内公募基金要广。广泛的投资领域和丰富的投资品种,有助于降低单一市场的系统性风险,同时分享其他市场增长的成果。

2. 缺点

(1) 管理费率高。由于 QDⅡ基金对基金经理的管理水平要求更高,而且基金公司会聘请境外的投资顾问和资产托管人,所以其管理费率比普通股票型基金更高。

(2) 面临新的风险。QDⅡ基金尽管通过分散投资降低了投资组合风险,但是又会面临新的风险:一是汇率风险,因为从事境外投资,投资期内汇率波动的风险难以避免,甚至会出现汇率波动损失超过投资收益,得不偿失;二是国别风险和新兴市场风险等特别投资风险;三是流动性风险。QDⅡ基金要跨境交易,基金申购、赎回时间通常为 T+5,比国内其他基金占用时间长得多,从而流动性风险上升。

3. QDⅡ基金收益考察

依据好买基金网提供的 2017 年 7 月 25 日的数据(天天基金网提供的QDⅡ基金数量偏少),近 1 年收益排名中,143 只 QDⅡ基金中,有 122 只取得正收益,排名前 10 的基金收益均超过 30%,收益最高的是交银海外中国互联网(164906)的 43.77%;21 只取得负收益,收益最低的是信诚全球商品主题(165513)的-9.19%。

近 3 年收益排名中,96 只 QDⅡ基金中,有 75 只取得正收益,排名前 10

的基金收益均超过 37%,收益最高的是国泰纳斯达克 100 指数(160213)的 65.29%;21 只取得负收益,收益最低的是华宝兴业油气(162411)的 −56.45%,而且排名后 10 的基金亏损均超过 25%。

从以上收益来看,长期投资中,QDⅡ基金收益分化很明显,有些基金带来的收益很不错,但有些基金投资损失巨大,因此选择 QDⅡ基金品种很关键,相比之下,指数基金的选择要求没有 QDⅡ基金高,因为,长期投资遇到牛市概率较高,牛市中不同指数一般都会上涨(尽管涨幅不同),持有指数基金就会赚钱,这是两类基金在长期投资时的差异。

当然,在国内证券市场不景气时(通常熊市时间比较长),则 QDⅡ基金提供了一种潜在的高收益投资机会,如果 QDⅡ基金品种选得好,就会对境内投资起到很好的替代作用。

五、基金定投策略

基金定投即定期定额投资基金,是指在固定时间以固定金额资金投资指定的开放式基金。基金定投起点低,方式简单,省时省力,也被称为"懒人理财"。

1. 基金定投优点

(1) 平均成本,分散风险。基金定投最大的优点在于它具有自动逢低加码、逢高减码的功能,在基金净值下跌时买入份额多,在基金份额上涨时买入份额少,这样就使得投资者持有的基金份额大部分是在基金净值低时买入的,平均成本就降低了,风险就从时间维度上被分散了。正因如此,基金定投是一种比较安全的投资策略。

(2) 强迫持续投资,不受市场走势干扰。基金定投意味着每隔一段时间就要进行投资(强迫储蓄),不管市场走势如何。相比之下,单笔一次性投资对选时要求很高,市场走势对投资者影响极大,要在低点买入是很难的。而基金定投在市场处于高点还是低点时开始差异很小。

(3) 小额投资,收益可观。基金定投的投资门槛相比其他方式更低,通过银行网点定投通常每期投资金额只需 200~300 元即可,基金公司官网和基金第三方销售平台上通常每期投资金额低至 100 元。低投资门槛,使得几乎任何人都可以参与,包括在校大学生都可以通过基金定投来培养良好的理财习惯。另外,基金定投是一项长期投资策略,长期来看,基金净值又涨又跌,正如第(1)点分析的,基金定投自动逢低加码、逢高减码的功能会使其平均成本降低,这样一旦基金净值上涨,就会实现盈利,而且在净值下跌过程中因为买入份额多,净值上涨收益就很可观。微笑曲线出现,基金定投就会盈利。

(4) 手续简单,方便快捷。基金定投的手续非常简单,比如通过银行网点定投,只要到网点办理一次手续,签订协议,约定定投基金品种、每期扣款时间、扣款账户、扣款金额等,以后每期扣款时间一到,银行会自动扣款申购基金。目前,通过基金公司官网和基金第三方销售平台定投同样方便快捷。基金定投的便捷,正好符合轻松理财、简单理财的理念。相比之下,股票投资等就非常耗费精力。

例如,某基金在一年内的净值变动如表5-3,采用定期定额投资或定期不定额投资,平均成本的计算方式分别如下。

表5-3　某基金一年内净值变动表

时间	1月	2月	3月	4月	5月	6月	7月	8月	9月	10月	11月	12月
净值(元)	2	1	0.5	2	4	2	0.5	1	2.5	2	1	2
投资(元)	1 000	1 000	1 000	1 000	1 000	1 000	1 000	1 000	1 000	1 000	1 000	1 000
投资(元)	600	1 200	2 400	600	200	600	2 400	1 200	400	600	1 200	600

(1) 采用定期定额投资

每月投资 1 000 元,1 年共投资 12 000 元。

$$每月买入基金份额 = \frac{1\,000}{基金净值}$$

买入基金总份额＝每月买入基金份额之和

$$投资平均成本 = \frac{总投资金}{买入基金总份额}$$

$$= \frac{12\,000}{500+1\,000+2\,000+500+250+500+2\,000+1\,000+400+500+1\,000+500}$$

$$= 1.182\,3(元/份)$$

12 月时,基金净值为 2 元/份,则每份盈利为 0.817 7 元,总的盈利为8 299.66元(0.817 7×10 150)。

如果采用传统的单笔一次性买入,1月份买入(2元/份)持有到12月(2元/份),则没有任何盈利。

如果投资者在一年的高点5月时(4元/份)单笔一次性投资,到12月时(2元/份),亏损一半。但如果投资者从5月开始定投,

$$投资平均成本 = \frac{总投资金}{买入基金总份额}$$

$$= \frac{8\,000}{250+500+2\,000+1\,000+400+500+1000+500}$$

$$= 1.300\,8\,元/份$$

到12月时,每份盈利达0.699 2元/份,总的盈利为4 300.08元(0.699 2×6 150)。

(2) 采用定期不定额投资

为改进基金定投的效果,采取涨了少买、跌了多买的策略(定期不定额),如表中最下面一行投资数据所示。

一年总共投资仍然是12 000元,但每个月根据基金净值变化投资金额相应自动调整。

$$\frac{投资}{平均成本} = \frac{总投资金}{买入基金总份额}$$

$$= \frac{12\,000}{300+1\,200+4\,800+300+50+300+4\,800+1\,200+160+300+1\,200+300}$$

$$= 0.804\,8(元/份)$$

12月时,每份盈利为1.195 2元,总的盈利为17 820.43元(1.195 2×14 910)。显然,定期不定额投资的平均成本更低,投资效果更好。

2. 基金定投收益考察

依据天天基金网提供的2017年7月27日基金定投收益排名数据(定投基金类型包括股票型、混合型、指数型、QDⅡ基金、债券基金,见表5-4),定投1年期收益,2 408只基金中有1 700只取得正收益,正收益比例70.6%;2年期收益,1 891只基金中有1 390只取得正收益,正收益比例73.51%;3年期收益,1 347只基金中有1 143只取得正收益,正收益比例84.86%;5年期收益,920只基金中有878只取得正收益,正收益比例达到95.43%,其中,

512 只收益超过 23.75%(超过 5 年期定存),前 10 名收益均超过 92%。显然,随着投资期限的延长,取得正收益的比例会提升,而且长期投资的绝对收益水平也是比较理想的。

表 5-4　基金类型及特点

基金类型	特点
股票型基金	收益高,风险高
混合型基金	收益高,风险高
债券型基金	收益适中,风险较低
货币型基金	收益较低,风险极低
指数型基金	收益高,风险高
海外基金(QDⅡ)	收益较高,风险高
保本基金	收益稳定,风险较低

3. 定投基金选择标准

基金定投虽然有很多优势,但并非所有类型的基金都适合定投,选择定投基金要考虑基金的风险和收益特征(净值波动性)。定投最适合的类型是净值波动幅度较大的基金,比如股票型、混合型和指数型。因为,基金净值波动大,定投自动逢低加码、逢高减码的功能才能充分发挥,其优势才能充分体现。基金净值波动小,这种功能就发挥不出来。其次可以考虑的是QDⅡ基金和债券基金。而货币基金和保本基金就不适合定投。

4. 基金定投适合人群

(1) 年轻的月光族。基金定投具备强迫储蓄功能,对于年轻的月光族,可以通过参与基金定投并将扣款日设定在发薪日后 1~2 天,先储蓄后消费,保持收大于支,培养良好的理财习惯,彻底摆脱月光的财务困境。

(2) 领固定薪水的上班族。大部分的上班族薪资所得在应付日常生活开销后,结余金额往往不多,小额长期的定期定额投资方式最适合财富积累。而且由于上班族大多不具备较高的投资水平,无法准确判断进出场的时机,所以通过基金定投可稳步实现资产增值。

(3) 未来某一时点有特殊(或较大)资金需求的投资者。例如 5 年后须付购房首付款,10 年后子女出国留学,20 年后退休养老等,提早以定期小额投资方式来筹集资金,对日常开支影响小,而且能积少成多,聚沙成塔。

(4)不愿意承担过高风险的投资者。相比单笔一次性投资的高风险,基金定投的风险较低,对厌恶风险的保守型、稳健型投资者就很适合。

当然,基金定投是一种长期投资策略,一般投资期限至少为3年,最好要达到5年以上,因为投资期限长,覆盖牛市的概率才高,微笑曲线就会出现,在牛市中止盈收益就很可观。

5. 基金定投重要事项

(1)定投开始时间不重要,赎回时间重要。实践表明,在牛市中开始定投还是熊市中开始定投,差异不大,关键在于赎回的时机选择。赎回要在微笑曲线的右边,即基金净值上涨,收益来临时进行。

(2)不应该止损,但要注意止盈。股票投资设定止损点和止盈点很重要(很多投资者常常忽视这一点从而被深套),基金定投与股票投资不同,基金定投不应该设止损点,当证券市场不景气特别是暴跌时,基金净值也会大幅下跌,很多投资者会选择停止定投并将原有基金份额赎回来止损,这种做法是错误的,事实上,基金净值开始持续下跌时,正好是微笑曲线的左边来临,这时候坚持定投,买入的基金份额就会不断增加,从而不断摊低平均成本,当证券市场好转基金净值开始上涨时,微笑曲线的右边开始出现,盈利很快来临。当然,基金定投面临的问题主要是止盈,这一点与股票投资是一样的,要设定合适的止盈点(因人而异)来锁定收益,这个问题让投资者感到困惑,特别是牛市中收益可观,投资者常常舍不得放弃。对此问题,有些基金公司已经提出解决方案,如嘉实基金的理财嘉"一键式"止盈定投可以设定期望的止盈目标。止盈目标是定投协议下针对特定基金设立的所期望达到的业绩目标。一旦达到止盈目标,在下一工作日参加止盈定投的基金份额将全部转换为嘉实货币市场基金,这会自动帮助投资者锁定收益。

6. 智能定投

基金定投能降低投资成本,原理在于同样投资金额在基金净值低时买入份额多,基金净值高时买入份额少,在此基础上,如果能在基金净值低时追加投资金额,基金净值高时减少投资金额,即定期不定额,则投资成本必然更低,风险更小,盈利更多(前面的例子已经体现了两种投资策略的差异)。近些年,很多基金公司都推出了此类升级版的定投计划。如广发基金的"赢定投"、博时基金的"定期不定额"、华安基金的"智赢定投"等,以及工商银行和多家基金公司联手推出的"基智定投"。这些投资计划的共同点是,设定基准投资金额,每月投资金额根据市场指数的波动自动调整,涨时少买、跌时多买。智能定投的效果要好于典型的基金定投,应该成为投资者更优的定投计划,但是智能定投的投资金额是变动的,有时波动幅度比较大,可能会给投资者的财务安排带来不便。

复习思考题

1. 证券投资基金的种类有哪些?

2. 您了解证券投资基金吗?

3. 基金定投适合哪类人群?

第六章

股 票 与 债 券

知识要点

1. 股票是股份有限公司发行的所有权凭证,是股份有限公司为筹集资金而发行给股东作为持股凭证并借以取得股息和红利的一种有价证券。

2. 股票的特征及划分:股票有不可偿还性、参与性、流通性、收益性、价格波动性和风险性的特征,可按股东权益、是否记名、有无面额、投资主体、上市地点和所面对的投资者进行不同分类。

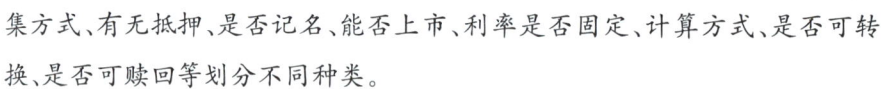

3. 债券是一种有价证券,是筹资者向投资者出具的,承诺按一定利率支付利息和还本的债权债务凭证。

4. 债券的特征及划分:债券具有安全性、流动性、收益性和偿还性的特征,可按发行主体、偿还期限、募集方式、有无抵押、是否记名、能否上市、利率是否固定、计算方式、是否可转换、是否可赎回等划分不同种类。

5. 债券投资的风险主要包括:信用风险、利率风险、流动性风险、通货膨胀风险、再投资风险等。

6. 银行代理销售国债包括储蓄国债和记账式国债。

生活金融案例

在长期熊市的折磨下,大多数股民心境悲凉,有的甚至已经麻木。不过,陈先生却是少有的"幸运儿"之一:从1993年到现在,他竟把5万多元变成70万元。

陈先生憨厚的外表使他显得比实际年龄大。他是计算机专业的大学生,从 1993 年起就开始炒股,1999 年年初,陈先生把做销售和原先炒股积累下来的 30 多万元投进股市,2001 年高位全线清仓,账户上的资金将近 70 万元。前几年行情好,陈先生有 30％以上的年收益率,最近几年还是稳赚,年年收益超过 10％,赚了 20％。"炒股还是比打工强得多。"陈先生感叹道。大盘 2005 年下跌 8.21％,陈先生的收益率是 20％,不仅把大盘远远甩在身后,还超过了绝大多数基金经理的理财水平。他有什么绝招呢? 他的绝招说起来其实很简单:自制与耐心。

案例分析

如果投资者希望像陈先生那样成为赢家,首先要做的便是学会控制自己,培养自制力。特别要排除投资市场涨跌对个人情绪的影响。

股票和债券投资分析

一、股票

股票是股份有限公司发行的所有权凭证,是股份有限公司为筹集资金而发行给股东作为持股凭证并借以取得股息和红利的一种有价证券。

(一) 股票的特征

1. 不可偿还性

股票是一种无偿还期限的有价证券,投资者认购股票后,就不能向发行股票的公司要求退股,只能到二级市场转让。股票的转让只意味着公司股东的改变,并不减少公司资本。从期限上看,只要公司存在,它所发行的股票就存在,股票的期限等于公司存续的期限。

2. 参与性

股东有权出席股东大会,参与公司重大决策。股东参与公司决策的权利大小,取决于其所持有的股份数量(一股一票)。从实践中看,只要股东持有的股票数量达到左右决策结果所需的实际多数时,就能掌握公司的决策控制权。

3. 流通性

股票的流通性是指股票在不同投资者之间的可交易性。流通性通常以可流通的股票数量、股票成交量以及股价对交易量的敏感程度来衡量。可流通股数越多,成交量越大,价格对成交量越不敏感(价格不会随着成交量一同变化),股票的流通性就越好,反之就越差。股票的流通使投资者可以在市场上卖出所持有的股票,取得现金。股票的流通和股价的变动,通常反映出投资者对相关行业和上市公司的发展前景和盈利潜力的判断。

4. 收益性

股东凭其持有的股票,有权从公司领取股息或红利,获取投资的收益。股息或红利的大小,主要取决于公司的盈利水平和公司的盈利分配政策。此外,股票的收益性,还表现在股票投资者可以获得价差收入或实现资产保值增值。通过低价买入和高价卖出股票,投资者可以赚取价差利润。

牛市中,不少股票涨幅高达 10 倍,如果能抓住这种机会,收益是很惊人的。有些股票,长期来看涨幅巨大,如贵州茅台 2001 年 8 月 27 日上市首日开盘价为 34.51 元,至 2018 年 6 月 12 日开盘价为 778 元(复权价达 4 330.30元),涨了 124.48 倍。中国股市上,上市公司长期以来分红很少,特别是现金红利。2001—2010 年间,中国上市公司平均股息率仅为 1.5%,远低于银行存款利率,在全世界也是很低的水平。现金分红太少,投资者只能期望买卖差价来获取收益,客观上推动了股价的炒作和大幅波动。此外,中国股市还有一种特有的现象,一级市场没有风险,一旦买到新股,其涨幅惊人,通常新股上市后,少则几个涨停板,多则数十个涨停板,当然,买中新股的概率是很低的。

5. 价格波动性和风险性

股票是一种风险很高的投资工具。股票价格受到宏观经济、公司经营业绩、供求关系、利率、人为炒作等多种因素的影响,其波动有很大的不确定性。价格波动的不确定性越大,投资风险也越大。2015 年 6 月 12 日上证综指达到 5 178 点,之后持续暴跌,时常出现千股跌停,在 2 个多月时间内下跌到2 850点,跌幅高达 45%。A 股两市流通市值减少了 22 万亿元,每位投资者平均损失近 24 万元。中国股市时常出现"妖"股,股价暴涨暴跌,甚至一个交易日内振幅达 20%。还有些股票经营出现问题后,股价连续暴跌,如 2018 年乐视网复牌后连续 10 余个跌停,ST 保千里更是连续 29 个跌停,创下 A 股跌停纪录。

(二) 股票分类

1. 按股东权益

按照股东权益不同,股票可分为普通股和优先股。

1) 普通股

普通股在公司的经营管理、盈利和财产分配上享有普通权利,代表满足所有债权偿付要求及优先股股东的收益权与求偿权要求后对企业盈利和剩余财产的索取权,是公司资本的构成基础,是最基本、最重要的股票,是一种风险高、收益高的投资工具。

在上海和深圳证券交易所上交易的股票都是普通股。普通股股东按其所持有股份比例享有以下基本权利:

(1) 公司决策参与权。普通股股东有权参与股东大会,并有建议权、表决权和选举权,也可以委托他人代表其行使其股东权利,通过股东大会行使权利来参与公司的经营决策。

(2) 利润分配权。普通股股东有权从公司利润分配中得到股息。普通股的股息是不固定的,由公司盈利状况及其分配政策决定。普通股股东必须在优先股股东取得固定股息之后才有权享受股息分配。

(3) 优先认股权。公司需要扩张而增发普通股股票时,现有普通股股东有权按其持股比例,以低于市价的某一特定价格优先购买一定数量的新发行股票,从而保持其对企业所有权的原有比例,防止股权被稀释。

(4) 剩余资产分配权。当公司破产或清算时,若公司的资产偿清债务后还有剩余,其剩余部分按先优先股股东、后普通股股东的顺序进行分配。

2) 优先股

优先股在利润分红及剩余财产分配的权利方面优先于普通股。优先股主要特征如下:

(1) 约定股息率。优先股有约定股息率,无论公司经营好坏,都要按照约定股息率支付优先股股东股息,优先股兼具股票和债券的特性。

（2）优先分配股息。优先股股东在分派股息的顺序上排在普通股股东之前。

（3）优先清偿剩余资产。股份公司在解散、破产清算时，首先清偿公司债务，债务清偿完还有剩余资产，优先股股东优先分配，之后普通股股东才参与分配。

（4）表决权受限制。优先股股东一般不能参与公司经营决策，对公司经营决策没有表决权。

2. 按是否记名

按照是否记名，股票可分为记名股票和无记名股票。

1）记名股票

记名股票指在股票票面和股份公司的股东名册上记载股东姓名的股票。记名股票的转让要办理过户手续。

2）无记名股票

无记名股票也称为不记名股票，是指在股票票面和股份公司股东名册上均不记载股东姓名的股票。无记名股票在转让时因股东的姓名没有在股票和股东名册上登记，所以，转让十分简便，无须办理过户手续，只需将股票交付受让人即可生效。

记名股票和无记名股票的差别并不在股东权利等方面，只是在股票记载方式上。我国《公司法》规定，公司向发起人、法人发行的股票，应当为记名股票，记载该发起人、法人的名称或者姓名。同时规定，发行无记名股票的，公司应当记载其股票数量、编号及发行日期。

3. 按有无面额

按照有无面额，股票可分为有面额股票和无面额股票，也称为有面值股票和无面值股票。

1）有面额股票

有面额股票是指在股票票面上标明一定票面金额的股票，股票面额表明每一张股票所包含的资本数额。在沪深证交所流通股票的面额均为每股一元（紫金矿业为0.1元/股）。另外，我国股票发行均采用溢价发行，发行价格远高于股票面额，市场交易价格一般也远高于股票面额，如2018年6月

12日,贵州茅台(600519)盘中交易价格达到历史最高的803.50元/股。

2) 无面额股票

无面额股票是指股票票面不记载金额,只记载股数以及占总股本的比例的股票,又被称为比例股票或股份股票。这种股票并非没有价值,而是不在票面上标明固定的金额,只记载其为几股或股本总额的若干分之几。因此,无面额股票的价值将随股份公司资产的增减而相应增减,公司资产增加,每股价值上升;反之,公司资产减少,每股价值下降。

无面额股票与有面额股票的差别仅在表现形式上,也就是说,它们都代表着股东对公司资本总额的投资比例,两者的股东享有同等的股东权利。目前,世界上多数国家不允许发行无面额股票。

4. 按投资主体

按投资主体的不同,我国上市公司股票可分为国有股、法人股和社会公众股。

(1) 国有股。这是指有权代表国家投资的部门或机构以国有资产向股份公司投资形成的股份,包括以公司现有国有资产折算成的股份。由于我国大部分股份制企业都是由原国有大中型企业改制而来的,因此,国有股在公司股权中占有较大比重。

(2) 法人股。这是指企业法人或具有法人资格的事业单位和社会团体以其依法可经营资产向公司非上市流通股权部分投资所形成的股份。根据法人股认购的对象,可将法人股进一步分为境内发起法人股、外资法人股和募集法人股三个部分。

(3) 社会公众股。这是指我国境内个人和机构,以其合法财产向公司可上市流通股权部分投资所形成的股份。国有股和法人股的比重大约占2/3,历史上,这些股票是不能在流通市场上自由转让的,属于非流通股票。而绝大部分的社会公众股可以上市流通(少量内部职工股及转配股上市流通受限)。这种流通股票和非流通股票并存是中国股市特有的现象。2005年股权分置改革后,国有股和法人股逐步允许上市流通。

5. 按股票上市地点和所面对的投资者

依据股票上市地点和所面对的投资者进行分类,我国上市公司股票可以分为:A股、B股、H股、N股、S股等。

（1）A股:正式名称是人民币普通股票,它是在我国境内公司发行,供境内机构和个人以人民币认购和交易的普通股股票。2014年底和2016年底,随着沪港通和深港通相继开通,香港投资者可以借道沪港通和深港通投资于沪深证交所上市股票。

（2）B股:正式名称是人民币特种股票,它是以人民币标明面值,以外币认购和交易的,上海证交所和深圳证交所分别使用美元和港元进行交易。B股公司的注册地和上市地都在境内,有些上市公司同时发行A股和B股上市,但是常出现A股和B股的每股价格不同的现象(同股不同价)。2001年前投资者限制为境外人士,2001年2月19日,开放境内个人居民投资B股。

（3）H股:注册地在内地,上市地在香港的外资股。

（4）N股:注册地在内地,上市地在纽约的外资股。

（5）S股:注册地在内地,上市地在新加坡的外资股。

6. 按业绩

根据业绩进行分类,我国上市股票可分为ST股、＊ST股、垃圾股、绩优股、蓝筹股等。

（1）ST股。ST是特别处理(Special Treatment)的意思,ST股是指境内上市公司连续两年亏损,被进行特别处理的股票。ST股一般都是财务或其他方面出现异常的股票,股票被特别处理,给市场一个警示,提醒投资者该股票的投资风险很大。

（2）＊ST股。是指境内上市公司连续三年亏损的股票。＊ST股有退市的风险。ST股和＊ST股的交易,每日涨跌幅限额都为5%。

（3）垃圾股。经营亏损或违规的公司的股票。

（4）绩优股。是指业绩优良公司的股票。衡量绩优股的指标主要有每股税后利润和净资产收益率。一般而言,每股税后利润在全体上市公司中处于中上地位,公司上市后净资产收益率连续三年显著超过10%的股票属于绩优股。绩优股公司规模不一定大。

（5）蓝筹股。"蓝筹"一词源自赌场,在赌场中有三种颜色的筹码,蓝色的价值最高。蓝筹股一般是指业绩优良、现金股利稳定而丰厚的公司股票。

另外,蓝筹股通常还被定位于规模较大,在所属行业占有重要支配性地位的公司股票。如工商银行(601398)、万科 A(000002)、贵州茅台(600519)等。

除此以外,股票还有很多分类标准,如按照股票性质不同,可以分为价值型股票和成长型股票;按照发行股票的公司规模,可以分为大盘股、中盘股、小盘股;还有按照行业、地域、概念等进行的分类。

(三) 中国股票市场结构

中国股市自 20 世纪 80 年代发展至今,建立了上交所、深交所、新三板等多个证券交易市场。

1. 主板市场

主板市场也称为一板市场,即传统意义上的证券市场(通常指股票市场)。各国的证券交易所一般就是主板市场,主板市场是证券市场最主要的组成部分,我国的主板市场包括上海证券交易所和深圳证券交易所,是我国证券发行、上市及交易的主要场所。主板市场对证券发行人的经营期限、股本规模、经营业绩、市值等有较高标准,主板上市企业一般是资本规模较大、盈利能力稳定的大型企业。

根据中国证监会《首次公开发行股票并上市管理办法》,发行人在主板首次公开发行(IPO)必须达到的盈利标准为最近 3 个会计年度净利润必须为正数且累计大于 3 000 万元,最近 3 个会计年度经营活动产生的现金流量净额累计大于 5 000 万元或者最近 3 个会计年度营业收入累计大于 3 亿元,最近一年不存在未弥补亏损。三个标准必须同时满足。

股本要求为发行前股本大于 3 000 万元,发行后大于 5 000 万元。

对投资者没有明确限制。

2. 创业板市场

创业板市场又称为二板市场,为暂时无法在主板上市的创业型企业、中小企业和高科技产业企业等需要融资和发展的企业提供融资途径和成长空间,是主板市场的重要补充,是多层次资本市场的重要组成部分。与主板市场相比,创业板市场更注重公司的发展前景与增长潜力,其上市标准低于主板市场。深圳创业板市场于 2009 年 10 月 30 日创建,股票代码以 300 开头。发行人在创业板 IPO 必须达到的盈利标准为最近两年连续盈利,最近两年净利润累计大于1 000万元;最近一年盈利,且净利润大于500万元,同时最近一年营业收入大于5 000万元。两个标准任选其一满足即可。

股本要求为发行后股本大于3 000万元。

个人投资者准入要求为具备两年以上(含两年)股票交易经验的自然人。

3. 中小板市场

中小板市场即中小企业板,与主板市场相对,它是指流通盘1亿以下的创业板块。中小板市场于2005年5月建立,股票在深交所上市交易,其作用是为条件达不到主板市场的中小企业服务。中小板市场是创业板的一种过渡,中小板市场的股票代码以002开头。

4. 新三板市场

新三板市场即全国中小企业股份转让系统,于2012年9月成立。其作用是为创新型、创业型、成长型中小微企业发展服务。挂牌企业均为高科技企业。2017年底,新三板挂牌企业数达到11 630家。

新三板特点:①不设财务门槛,要求股权结构清晰、经营合法合规、公司治理健全、业务明确并履行信息披露义务;②以机构投资者为主;③是中小微企业和产业资本的服务媒介,主要是为企业发展、资本投入与退出服务,不以交易为主要目的。交易方式有协议和做市。新三板没有涨跌幅限制。买卖股票的申报数量应为1 000股或其整数倍。股票转让单笔最大申报数量不得超过100万股。个人投资者准入条件为投资者本人名下前一日日终证券类资产市值大于500万元;具有两年以上证券投资经验,或具有会计、金融、投资、财经等相关专业背景或培训经历。对投资者设立的门槛较高。

二、债券

债券是一种有价证券,是筹资者向投资者出具的,承诺按一定利率支付利息和还本的债权债务凭证。

（一）债券特征

1. 安全性

债券通常有固定的利率,收益不随发行者经营效益的变动而变动,比较稳定。此外,企业破产时,债权人优先清偿企业剩余资产(索取权排在股东前面)。因此,债券投资相对股票要安全。如果是国债,有国家信用支撑,则更加安全。

2. 流动性

债券一般都可以在流通市场上自由转让。债券的流动性越好,对投资者的吸引力越强。而且,债券流动性越好,发行成本越低。因此,如果债券发行后能够上市流通,其发行成本会相应降低。

3. 收益性

债券的收益来自两方面:一是持有债券会给债券持有人带来利息收入;二是债券价格变动会带来价差收入(也可能是损失)。

4. 偿还性

债券一般都有到期日,债券到期时,发行者必须按约定偿还本金。偿还性是债券与股票的根本区别。

（二）债券风险

债券投资的风险主要包括:信用风险、利率风险、流动性风险、通货膨胀风险、再投资风险等。

1. 信用风险

信用风险也称为违约风险,是指债券发行人不能履行合约规定的义务,无法按期支付利息和偿还本金而产生的风险。信用风险是债券投资最主要的风险之一。一般来说,政府债券几乎不存在信用风险(政府还债通常采取发新债还旧债的方式),其他债券的信用风险高于政府债券。为了对投资者所承担的违约风险进行补偿,其他债券与政府债券之间会有一定的收益率差,称为风险溢价。违约风险越大,风险溢价越高。债券信用风险的评定由信用评级机构负责,国际上主要有美国的三大评级机构:标准普尔公司(S&P)、穆迪投资服务公司(Moody)、惠誉投资者服务公司(Fitch)。国内主要有中诚信、联合资信、大公国际、新世纪等评级公司。

2. 利率风险

利率风险是指市场利率变动导致债券价格发生变动的风险。由于大多数债券有固定的利率和偿还价格,市场利率波动将引起债券价格反方向变化。当市场利率上升并超过债券票面利率时,投资者就不愿意购买债券,这就会导致债券需求量下降,债券价格因此下跌。反之,市场利率下跌并低于债券票面利率时,投资者就会争相购买债券,导致债券需求量上升,债券价格上涨。即使没有信用风险的国债也存在利率风险。此外,债券利率风险与债券持有期限密切相关,债券期限越长,利率风险就越大。

3. 流动性风险

流动性风险也称为变现能力风险,是指债券持有人打算出售债券获取现金时,其所持有债券不能按目前合理的市场价格在短期内出售而形成的风险。如果一种债券能够在短时间内按市价大量出售,说明其流动性强,投资这种债券承担的流动性风险就小;反之,如果一种债券按市价出售很困难,说明其流动性差,投资这种债券承担的流动性风险就大。一般来说,政府债券和信用评级高的大公司债券的流动性风险较小。

4. 通货膨胀风险

通货膨胀风险也称为购买力风险,是指由于通货膨胀而使债券到期或出售时所获得的现金的购买力降低,从而使投资者的实际收益低于名义收益的风险。通货膨胀情况下,货币购买力下降,而债券是一种货币性资产,债券发行人在协议中承诺付给债券投资者的本金和利息一般都是事先约定好的固定金额,此金额不会随通货膨胀而增加,其结果就是债券投资者从债券投资得到的货币的实际购买力必然下降。

5. 再投资风险

再投资风险是指债券持有者投资于短期债券,收回投资进行再投资时,由于市场利率下降导致投资收益率下降而面临的风险。

一般来说,债券期限越长,利率风险越大。投资者为规避利率风险,可能会选择短期债券投资,短期债券到期再进行滚动投资时,可能因市场利率下降导致短期债券的利率跟着下降,这样,还不如当初直接投资于长期债券。

比如:2年期债券利率为5％,1年期债券利率为4％,投资者为降低利率风险投资于1年期债券,1年后债券到期时,由于市场利率下降,1年期债券利率降到2％,第二年投资者就只能获得2％的投资收益率。这样,还不如当初直接投资于2年期债券,每年的投资收益率都是5％。当然,如果第2年市场利率上升,则情况相反。

(三) 债券分类

债券的分类非常复杂,主要的分类如下。

1. 按发行主体

按照发行主体的不同,债券可分为政府债券、金融债券和公司(企业)债券。

(1) 政府债券。政府债券是政府为筹集资金而发行的债务凭证,主要包括中央政府债券、地方政府债券等。国债由政府承担还本付息的责任,在各类债券中其信用最高,安全性好,因此被称为"金边债券"。另外,很多国家政府债券都有发达的二级市场,其流通性很好。中国自1981年恢复国债发行以来,国债发行量日益增大,既有面向机构投资者发行的,也有对个人投资者发行的。向个人发行的国债利率基本上参照银行利率制定,一般比同期限的银行存款利率略高。国债利息通常享受免税待遇。

(2) 金融债券。金融债券是由银行和非银行金融机构发行的债券。首先,我国三家政策性银行(国家开发银行、中国进出口银行、中国农业发展银行)因不能像商业银行一样吸收存款,其资金来源主要依靠发行金融债券。其次,商业银行、证券公司、信托公司、租赁公司、财务公司等金融机构也可发行金融债券来筹集资金。金融机构一般资金实力雄厚,信用度较高,因此金融债券的安全性也是很高的。

(3) 公司(企业)债券。企业债券和公司债券在我国有所区别,企业债券是按照《企业债券管理条例》规定发行与交易,由国家发改委监督管理的债券,其发行主体为中央政府部门所属机构、国有独资企业或国有控股企业,在很大程度上体现了政府信用。公司债券管理机构则是中国证监会,发债主体为按照《中华人民共和国公司法》设立的公司法人,其发行主体为上市公司。公司债券在证券登记结算公司统一登记托管,可申请在证券交易所上市交易,其信用风险一般高于企业债券。国外没有企业债和公司债的划分,统称为公司债。

2. 按偿还期限

按照偿还期限不同,可将债券分为短期债券、中期债券和长期债券。

(1) 短期债券。短期债券是指偿还期限在 1 年以内的债券。短期债券的发行者主要是企业和政府。企业发行短期债券大多是为了筹集短期周转资金;政府发行短期债券多是为了平衡预算赤字。

(2) 中期债券。中期债券是指偿还期限在 1 年以上 10 年以内的债券。我国政府发行的各种国债和银行发行的金融债券,多属于中期债券。

(3) 长期债券。长期债券是指偿还期限在 10 年以上的债券。发行者主要是政府、金融机构和企业。发行长期债券的目的主要是获得长期稳定的资金。1996 年,我国政府开始发行期限为 10 年的长期债券。

实践中,我国国债的期限划分与上述标准相同,但是企业债券的期限划分与上述标准有所不同。我国短期企业债券偿还期限在 1 年以内,中期企业债券的偿还期限在 1 年以上 5 年以内,长期企业债券的偿还期限在 5 年以上。

此外,历史上曾经出现过永久债券,这种债券发行时未规定偿还期限,投资者持有债券可一直获取利息,发行者赎回债券可视为债券到期。

3. 按募集方式

按照募集资金方式不同,可将债券分为公募债券和私募债券。

(1) 公募债券。公募债券是指以公开方式向社会公众投资者发行债券而募集资金,任何投资者均可购买,公募债券的投资者是不确定的,公募债券可以在证券市场流通转让。

(2) 私募债券。私募债券是指以非公开方式向特定的投资者发行的债券。私募债券的发行手续简单,一般不能在证券市场上交易。私募债券对发行者的资格要求较低,信息披露也不如公募债券严格,发行成本通常也较低,可能不需要担保。但是,私募债券的发行和转让均有限制,一般只能面向合格投资者发行,转让也只能在合格投资者间以协议方式进行。

4. 按有无抵押

按照有无抵押,可将债券分为信用债券和抵押债券。

（1）信用债券。信用债券是不以任何财产作为担保，完全凭信用发行的债券。政府债券属于此类债券。此外，一些公司也可发行这种债券，即信用公司债。为了保护投资人的利益，通常只有那些信誉很高的大公司才有资格发行信用债券。而且信用债券在发行时通常要加入保护性条款对发行者进行限制，如不能将资产抵押给其他债权人，不能兼并其他企业，未经债权人同意不能出售资产，不能发行其他长期债券等。

（2）抵押债券。抵押债券是以债券发行者的财产作为抵押的债券，按抵押品的不同又可以分为一般抵押债券、不动产抵押债券、动产抵押债券和证券信托抵押债券。债券发行者一旦违约，可将抵押品处置以保证债权人优先受偿。

5. 按是否记名

按照是否记名，债券可分为记名债券和不记名债券。

（1）记名债券。记名债券是指债券上记载债权人的姓名或名称，并在发行单位或代理机构进行登记的债券。转让时原持有人要背书，办理相应的过户手续。通常记名债券可以挂失。

（2）不记名债券。不记名债券是指在券面上不需注明债权人姓名，也没有把债券所有人姓名登录在名册上的债券，持券人只凭息票领取利息。不记名债券是一种具有标准格式实物券面的债券，形式上类似于纸币。我国20世纪80年代发行的国库券就是其中之一。其券面上一般印制了债券面额、债券利率、债券期限、债券发行人全称、还本付息方式等各种债券票面要素。不记名债券印制成本高，不安全（不能挂失），我国国债于20世纪90年代已经停止采用这种形式发行。

6. 按能否上市

按照能否上市，债券可分为上市债券和非上市债券。

（1）上市债券。上市债券是指可在证券交易所挂牌交易的债券。债券上市有利有弊，上市债券信用度较高（我国沪深证交所规定上市债券的信用等级不低于A级），变现速度快，容易吸引投资者，但上市条件严格，并要承担上市费用。

（2）非上市债券。不在证券交易所挂牌交易的债券为非上市债券。

7. 按利率是否固定

按照利率是否固定,债券可分为固定利率债券和浮动利率债券。

(1) 固定利率债券。固定利率债券在发行时整个偿还期内的利率就已固定不变。固定利率债券不考虑市场变化因素,其筹资成本和投资收益可以事先预计,不确定性较小。但债券发行人和投资者仍然承担市场利率波动的风险。

(2) 浮动利率债券。浮动利率债券的利率在偿还期内部固定,随市场利率而浮动。浮动利率债券的利率通常根据市场基准利率加上一定的利差来确定,市场基准利率变动,浮动利率债券的利率相应发生变动。与固定利率债券不同,浮动利率债券使筹资成本和投资收益事前带有很大的不确定性。浮动利率债券往往是中长期债券。

8. 按计息方式

按照计息方式不同,债券可分为单利债券、复利债券、贴现债券和累进利率债券。

(1) 单利债券。单利债券是指仅按本金计算利息,利息不加入本金计算下期利息。例如某 3 年期单利债券,票面金额为 1 000 元,票面利率为 3%,则到期利息为:$1 000 \times (1 + 3\% \times 3) - 1 000 = 90$(元)。

(2) 复利债券。复利债券是指计算利息时,按一定期限将所生利息加入本金再计算利息,逐期滚算的债券。例如某 3 年期复利债券,票面金额为 1 000 元,票面利率为 3%,则到期能获得利息为:$1 000 \times (1 + 3\%)^3 - 1 000 = 92.7$(元)。显然,同样期限和票面利率的复利债券,其利息要高于单利债券。

(3) 贴现债券。贴现债券是指债券票面上不规定利率,发行价格低于票面金额,到期时仍按票面金额偿还本金的债券。其发行价格与票面金额(偿还金额)的差额构成了投资收益。短期国债常用贴现方式发行。例如,某 1 年期国库券,采用贴现方式发行,票面金额为 1 000 元,发行价格为 980 元,投资者按照 980 元买入,到期收回 1 000 元,差额 20 元为投资收益,这种债券的年利率相当于 $20 \div 980 \times 100\% = 2.04\%$。

(4) 累进利率债券。累进利率债券的利率通常不固定,按投资同一债券期限长短累进计息,期限越长,对应的利率越高。如,某 10 年期债券,持有满

3 年,年利率为 3%,持有满 5 年,年利率为 4%,持有满 7 年,年利率为 5%。累进利率债券的计息方式目的在于鼓励投资者长期持有债券。

9. 按是否可转换

按照是否可转换为股票,债券可分为可转换债券和不可转换债券。

（1）可转换债券。可转换债券在发行时就约定,债券持有人可按约定条件将债券转换为公司的普通股,它兼具债券和股票的特性。可转换债券有规定的利率和期限,投资者可选择持有债券到期,收取本息;投资者也可将债券按约定条件转换为股票,这样债券持有人就成为公司的股东,享有股东的权益,并分享公司经营的回报。正是因为可转换债券为投资者提供了潜在高收益的机会,因此,发行可转换债券的成本比普通债券要低。根据《公司法》的规定,发行可转换债券要由中国证监会批准,发行公司应同时具备发行公司债券和发行股票的条件。

（2）不可转换债券。不可转换债券即普通的债券,是不能转换为普通股的债券。由于债券持有人不能转变为公司股东,在公司经营业绩好时,不能抓住这种潜在高收益的机会,因此,不可转换债券的筹资成本一般要高于可转换债券,以便吸引投资者。

（四）银行代理国债

目前,银行代理销售的国债包括储蓄国债和记账式国债。

1. 储蓄国债

储蓄国债是指政府面向个人发行,以吸收个人储蓄资金为目的的一种不可流通国债,按债权记录方式分为纸质凭证和电子方式两种。储蓄国债是银行储蓄存款的替代品,同样期限的储蓄国债收益高于银行储蓄存款。

1) 储蓄国债(凭证式)

储蓄国债(凭证式)是指国家不印制实物券面,而采用填制"中华人民共和国储蓄国债(凭证式)收款凭证"的方式,由财政部在中华人民共和国境内发行,通过储蓄国债承销团成员(主要是商业银行)面向个人投资者销售的国家债券。储蓄国债(凭证式)为记名国债,可以挂失,可以提前兑取和办理质押贷款,但不得更名,不可流通转让。储蓄国债(凭证式)产品特点如下:

(1) 信用等级高,安全性好。储蓄国债(凭证式)由财政部代表中央政府发行,以国家信用为后盾,投资风险极低。

(2) 储蓄国债(凭证式)以100元为起点并按100元的整数倍发售;作为记名国债,记名方式采用实名制;可以挂失,但不得更名,不可流通转让。

(3) 收益稳定,利息免税。凭证式国债采用固定期限、固定利率方式发行。

(4) 个人投资者可通过提前兑取或抵押贷款方式将储蓄国债(凭证式)提前变现。

(5) 储蓄国债(凭证式)可以开具存款证明。

2) 储蓄国债(电子式)

储蓄国债(电子式)是财政部在中华人民共和国境内发行,通过储蓄国债承销团成员面向个人发行,以电子记账方式记录债权的不可流通国债。储蓄国债(电子式)可以进行提前兑取、非交易过户和质押贷款等。储蓄国债(电子式)也具有储蓄国债(凭证式)的前述特点。但是,储蓄国债(电子式)与储蓄国债(凭证式)存在以下区别:

(1) 购买时间不同。储蓄国债(电子式)仅在发行期内可以购买,而储蓄国债(凭证式)在发行期内或者发行期后都可以购买。

(2) 起息日不同。储蓄国债(凭证式)有统一日期开始计息,比如投资者是本月10日购买到的债券,但起息日有可能在本月的15日;而凭证式国债则是从投资者购买之日开始计息。

(3) 付息方式不同。凭证式国债到期一次性付息;电子式国债方式多样,既有按年付息的也有利随本清的。

(4) 兑付方式不同。储蓄国债(电子式)到期后本金与利息自动转入资金账户并享受活期利息;储蓄国债(凭证式)需投资者自己到网点办理兑付,逾期不计利息。

(5) 购买渠道和手续不同。储蓄国债(电子式)只能去柜台,原因在于投资者需要开立储蓄国债托管账户,并以"借记卡"或存折账户活期资金进行购买,不接受现金购买;储蓄国债(凭证式)的购买只需要"借记卡"或存折,或直接以现金就可以购买。

(6) 发行对象不同。储蓄国债(电子式)只限于个人购买;储蓄国债(凭证式)则是个人和机构都可认购。

(7) 投资期限不同。储蓄国债(凭证式)期限多样,既有中期也有长至10年的品种,储蓄国债(凭证式)一般为中期(1年、3年、5年等)。

2. 记账式国债

记账式国债是由财政部通过无纸化方式发行(发行成本低),以电脑记账方式记录债权,并可以上市交易的债券。

产品特点:

(1) 安全性高。记账式国债为国家信用,信用风险低。

(2) 收益和风险相对高。债券持有到期可获得稳定的利息收入;还可通过把握市场价格波动的有利机会,获得买卖价差收益。但同时,因可以上市流通,面临价格波动风险。收益和风险相对储蓄国债要高。

(3) 流动性强。投资者可在交易时段内随时买卖债券,交易资金实时清算,能够满足投资者对流动性的要求。

(4) 投资交易起点低。单笔记账式国债交易起点及最小递增单位均为100元。

记账式国债也可以通过沪深证交所(证券账户)和银行间债券市场交易。

复习思考题

1. 您了解股票投资风险吗?
2. 我国上市公司股份按投资主体不同分为哪些?
3. 您在投资中偏重股票还是债券?
4. 按计算方式不同,债券可分为哪几类?

建议测量法：我属于哪一种投资类型？

1. 您现在的年龄是？

    A. 29 岁以下   5 分

    B. 30～39 岁   4 分

    C. 40～49 岁   3 分

    D. 50～59 岁   2 分

    E. 60 岁以上   1 分

2. 您计划从何时开始提领你投资的部分金额？

    A. 至少 20 年以上   5 分

    B. 10～20 年   4 分

    C. 6～10 年   3 分

    D. 2～5 年   2 分

    E. 2 年以内   1 分

3. 您的理财目标是？

    A. 资产迅速成长   5 分

    B. 资产稳健成长   3 分

    C. 避免财产损失   1 分

4. 以下哪一项描述比较接近您对投资的态度？

    A. 我寻求长期投资报酬最大化，所以可以承担因市场价格波动所造成的较大投资风险   5 分

    B. 我比较注重投资报酬率的增加，所以可以承担一些因市场价格波动所造成的投资风险   4 分

    C. 市场价格波动与投资报酬率对我来说同样重要   3 分

    D. 我比较希望市场价格的波动小，投资回报率低一些没关系   2 分

    E. 我想要避开市场价格波动，愿意接受较低的投资报酬率，而不愿意承受资产损失的风险   1 分

5. 请说明您对通货膨胀与投资的态度

    A. 我的目标是让金融报酬率明显超出通货膨胀率，并愿意为此承担较大的投资风险   5 分

    B. 我的目标是让投资报酬率稍高于通货膨胀率,若因而多承担一些
       投资的风险是可以的　　　　　　　　　　　　　　　　　3分

    C. 我的目标是让投资报酬率等于通货膨胀的速度,但是要尽量降低
       投资组合价值变动的幅度　　　　　　　　　　　　　　1分

6. 假设您有一笔庞大金额的投资在股票中,并且该投资呈现三级跳的
   涨幅。比如说:一个月增值了20%,你可能采取什么行动?

    A. 投入更多资金在该股票上　　　　　　　　　　　　　5分

    B. 继续持有该标的　　　　　　　　　　　　　　　　　4分

    C. 卖掉少于一半的部位,实现部分获利　　　　　　　　3分

    D. 卖掉大于一半的部位,实现大部分投资获利　　　　　2分

    E. 卖掉所有部位,获利了结　　　　　　　　　　　　　1分

7. 假设您有一笔庞大金额的投资在股票中,并且在过去的一年中该笔
   投资价值持续下滑,比方说,你的资产在这段时间中下跌了25%,你
   可能会采取什么行动?

    A. 增加投资　　　　　　　　　　　　　　　　　　　　5分

    B. 继续持有该标的　　　　　　　　　　　　　　　　　4分

    C. 卖掉少于一半的部位　　　　　　　　　　　　　　　3分

    D. 卖掉大于一半的部位　　　　　　　　　　　　　　　2分

    E. 卖掉所有部位　　　　　　　　　　　　　　　　　　1分

测试结果:

7~15分:保守型投资人,可以忍受低风险。建议:对资金的流动性要充分考虑,以银行存款、保险为主,兼有一些基金、国债投资,避免介入风险较大的投资领域。

16~30分:稳健型投资人,可承受中度风险。建议:保持一定的投资组合,既顾及投资的收益性,又考虑到安全性,此外买一定数量的保险很重要。

31~35分:积极型投资人,可忍受高风险。建议:您可以选择在收益性更大的投资项目上投入更多的资产,比如股票、信托、股票型基金等,承担一定的风险,以获取更大的收益。

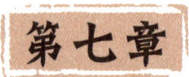

其 他 投 资

知识要点

1. 信托是指委托人基于对受托人的信任,将其财产权委托给受托人,由受托人按委托人的意愿以自己的名义,为受益人的利益或者特定目的,进行管理或者处分的行为。

2. 信托的职能和产品分类:职能包括基本职能——财产管理和一系列派生职能;分类包括证券投资信托、房地产信托、矿产能源信托、金融机构信托、工商企业信托、基础设施信托、另类投资信托、公益信托。

3. 贵金属投资产品主要有黄金、白银,在商业银行提供的账户贵金属买卖业务中,还有铂金和钯金,但是交易主要集中在黄金和白银,而白银的交易渠道和方式与黄金几乎完全一样,因此,本章以黄金为代表介绍贵金属投资产品。

一、信托

依照《中华人民共和国信托法》,信托是指委托人基于对受托人的信任,将其财产权委托给受托人,由受托人按委托人的意愿,以自己的名义,为受益人的利益或者特定目的,进行管理或者处分的行为。

原始的信托行为起源于公元前 2 000 年古埃及的遗嘱托孤,信托的概念源于《罗马法》中的"信托遗赠"制度,现代意义的信托业是以英国的尤斯(USE)制度为原型逐步发展起来的,现代金融信托业起源于美国。

中国信托业是中华人民共和国成立前从西方国家引入的,中华人民共和国成立后在 50 年代停止发展。1979 年 10 月改革开放后我国第一家信托机构——中国国际信托投资公司成立,标志着信托业在我国恢复发展,但之后 20 年,中国信托业发展非常混乱,短短 20 年历经 5 次整顿,几乎全军覆灭。5 次整顿后,信托公司数量从高峰时的近千家缩减到 60 家。2007 年,中国银监会修订《信托公司管理办法》与《信托公司集合资金信托计划管理办法》,对信托业进行第六次整顿,实施分类监管,信托公司或立即更换金融牌照,或进入过渡期。第六次整顿后,信托业进一步回归信托本业和加大对实体经济的支持。十年来,信托业发展极为迅速,2012 年信托业资产规模超过保险业,成为仅次于银行业的中国金融业第二大产业。目前,在中国信托业协会登记注册的信托公司共有 68 家。

(一) 信托的职能

信托的职能非常丰富,包括基本职能——财产管理和一系列派生职能:财产管理职能、融通资金职能、协调经济关系职能、社会投资职能、为社会公益事业服务的职能。

(二) 信托产品分类

关于信托产品的分类,市场上并没有统一的口径,按照中国信托业协会的分类口径,信托产品主要有以下几种分类:证券投资信托、房地产信托、矿产能源信托、金融机构信托、工商企业信托、基础设施信托、另类投资信托、公益信托。

二、贵金属产品

贵金属投资产品主要有黄金、白银,在商业银行提供的账户贵金属买卖业务中,还有铂金和钯金,但是交易主要集中在黄金和白银,而白银的交易渠道和方式与黄金几乎完全一样,因此,本章以黄金为代表介绍贵金属投资产品。

(一) 黄金的标价方法

1. 黄金的重量计量单位

黄金重量的主要计量单位有:盎司、克、千克(公斤)、吨等。国际上一般通用的黄金计量单位为盎司,我们常看到的世界黄金价格都是以盎司为计价单位。1盎司=31.103 481 克。目前中国国内一般习惯于用克作为黄金计量单位。

2. 黄金的纯度计量

黄金及其制品的纯度叫作"成色",市场上的黄金制品成色标识有两种:一种是百分比,如 G999 等;另一种是 K 金,如 G24K、G22K 和 G18K 等。我国对黄金制品印记和标识牌有规定,一般要求有生产企业代号、材料名称、含量印记等,无印记的为不合格产品。但对于一些特别细小的制品也允许不打标记。

3. 用"K金"表示黄金纯度的方法

国家标准 GB11887—89 规定,每开(常写作"K")含金量为 4.166%,所以,各开金含金量分别为(括号内为国家标准):

$$12K=12\times4.166\%=49.992\%(500‰)$$
$$18K=18\times4.166\%=74.998\%(750‰)$$
$$24K=24\times4.166\%=99.984\%(999‰)$$

24K 金常被人们认为是纯金,但实际含金量为 99.98%,折为 23.988K。

4. 用文字表达黄金纯度的方法

有的金首饰上或金条金砖上打有文字标记,通常是将黄金重量分成 1 000 份的表示法。含金量千分数不小于 999 的称为千足金,是首饰成色命名中的最高值,印记为千足金、999 金、gold999 或 g999。含金量千分数不小于 990 的称足金,印记为足金、990 金、gold990 或 g990。上海黄金交易所中交易的黄金主要是 9999 与 9995 成色的黄金。

(二)黄金价格波动

过去十年,黄金价格从 2007 年 7 月的约 160 元/克上涨到 2011 年 8 月的高点 390 元/克,然后逐渐回落到 2013 年 7 月的约 250 元/克,至目前为止,黄金价格大致在 220～300 元/克之间进行波动。影响黄金价格的因素很多,主要有美元走势、地缘政治、原油价格、通货膨胀、避险投资、黄金供求等。从黄金价格的中长期走势来看,黄金并非是一种理想的投资工具。

(三)黄金投资方式

1. 实物黄金

目前,实物黄金(实金)投资包括商业银行和金商两个渠道,实金投资包括金条、金币和黄金饰品,以持有黄金实物进行投资。

金条和金币投资均包括投资性和纪念性两种。投资金条(如"高赛尔金条"、中行的"吉祥金")和投资金币(如熊猫金币)的

价值与其黄金含量基本一致,价格也基本随国际金价波动,保值功能强,流通变现容易(可随时向银行或金商兑现)。纪念金条(如"千禧年金条""生肖金条""奥运金条")和纪念金币则较多具有纪念意义(与某一事件相联系),纪念金条和纪念金币通常溢价发行,其价值与黄金含量可能出现较大偏离,而且其价格受发行量的影响较大,普通投资者较难鉴定其价值,因此它对投资者的素质要求较高,主要用于满足集藏爱好者的收藏需要。

黄金饰品与金条金币不同,其功能主要不是投资,而是装饰(制成金项链、金戒指、金耳环等),成为实用性商品,而且由于设计加工等费用会带来较高的溢价,同时,黄金饰品回购很不便利。其价格除了含金量外,还取决于收藏价值和艺术价值等。

目前国际公认的五大投资金币为:南非克鲁格金币(1967 年开始发行,纯度为 91.7%)、加拿大枫叶金币(1979 年加拿大开始发行,纯度高达99.999%)、中国熊猫金币(1982 年中国人民银行开始发行,纯度为 99.9%)、美国鹰洋金币(1986 年开始发行,纯度为 91.67%)、澳大利亚袋鼠金币(1986年开始发行,纯度为 99.99%)。这五个国家都是产金大国。

2. 商业银行提供的纸黄金

实物黄金投资的一个缺陷是持有黄金会产生仓储保管费用等,而且持有黄金没有利息收入,事实上,很多投资者投资黄金是为了赚取收益,而不是为了持有实物黄金。因此,为了满足投资者需求,中国银行上海市分行从2003 年 11 月 18 日起,在全国率先推出了个人黄金实盘买卖业务,简称"黄金宝",成为全国第一个纸黄金交易产品。之后,很多银行都推出了纸黄金业务。纸黄金报价与国际金价挂钩。

纸黄金业务的特点:①不进行黄金实物交割,没有仓储/运输/鉴定等费用,也没有其他交易费用,与实物黄金的交易成本相比更低;②交易机制为做市商模式(类似于外汇买卖),银行提供双边报价(同时提供买入价和卖出价),相当于投资者以银行为交易对手;③只能单向做多,不能做空;④无保证金交易(没有杠杆效应);⑤交易时间灵活,一般为周一至周五 24 小时不间断交易,涵盖主要国际贵金属市场交易时间;⑥投资门槛低,普通投资者均可参与。以中国银行账户贵金属业务为例,其交易品种包括:美元金兑美元、人民币金兑人民币,分别采用美元/盎司、元/克的报价方式,起点交易克数为人民币金10克(以1克递增)、美元金1盎司(以0.1盎司递增)。按照2017年7月25日的纸黄金报价(272.63元/克,1 256.04美元/盎司),投资起点分别只需2 726.3元和1 256.04美元。⑦交易方法多样:目前可以通过柜面服务人员、手机银行、自助终端、电话银行、网上银行等方式进行交易。

纸黄金业务适合风险承受力低、初级或稳健型投资者、中老年投资者。

例如,2018年7月25日,某投资者在中国银行网点纸黄金业务中买入黄金10克,当日人民币账户黄金报价为272.25/272.65,如果2018年8月1日,人民币账户黄金报价为274.25/274.65,或者270.25/270.65,该投资者盈亏的计算方式如下。

2018年7月25日,投资者买入黄金的价格为272.65/克(银行的卖出价)。

第一种情形,投资者按照274.25/克卖出(银行买入价),则,该投资者盈亏＝(274.25－272.65)×10＝16(元),投资者盈利。

第二种情形,投资者按照270.25/克卖出(银行买入价),则,该投资者盈亏＝(270.25－272.65)×10＝－24(元),投资者亏损。

3. 上海黄金交易所的现货黄金

目前,上海黄金交易所的现货黄金交易品种及规定如表7-1所示。

表7-1 上海黄金交易所的现货黄金交易品种及规定

	实物黄金					延期交易				国际板黄金实物交易		
合约产品	Au 99.99	Au 99.95	Au 99.5	Au 100g	Au 50g	Au (T+D)	mAu (T+D)	Au (T+N1)	Au (T+N2)	iAu 99.99	iAu 99.5	iAu 100g
交易单位	10克/手	1千克/手	12.5千克/手	100克/手	50克/手	1千克/手	100克/手	100克/手	100克/手	10克/手	12.5千克/手	100克/手
最低保证金比例	100%	100%	100%	100%	100%	7%	7%	7%	7%	100%	100%	100%
涨跌停板	30%	30%	30%	30%	30%	6%	6%	6%	6%	30%	30%	30%
交易时间	周一至周五20:00～次日2:30,9:00～11:30,13:30～15:30											
交易方式	通过会员单位网点柜面、电话银行、网银、客户端等多种渠道											
手续费	不超过万分之八											
备注	个人可参与											

在上海黄金交易所的交易品种中,延期交易是很有特色的创新品种。Au(T+D)称为黄金现货延期交收合约,主要有以下特点:①实行双向交易,可以做多,也可以做空。②实行保证金交易(杠杆)和日涨跌停限制。③没有固定的交割期,买卖双方每天都可以自由地选择是否进行交收申报,持仓时间也不受限制。④实行延期补偿费和超期费制度。延期补偿费和超期费制度是延期交易特有的制度规定。延期交易允许投资者延期交割,但要按日征收合约总金额万分之二的延期补偿费(其支付方向要根据当日交收申报的情况来定,例如如果客户持有买入合约,而当日交收申报的情况是收货数量多于交货数量,那么客户就会收到延期补偿费,反之则要付出)。如果持仓超过 20 天则交易所要加收按每个交易日计算的万分之一的超期费。延期补偿费和超期费的征收目的是平衡交收市场以及尽可能促使交易后办理实物交割。允许延期交收给了投资者更多抓住盈利的机会(期货交易到期必须办理交割,不能延期)。⑤降低投资门槛,让更多普通投资者可参与。为了让更多投资者能够参与,上海黄金交易所将 Au99.99 和"迷你黄金延期"mAu(T+D)的交易门槛分别降为 10 克和 100 克。以金价 250 元/克计算,个人客户只需 2 500 元(250×10),即可参与 Au99.99 的交易。对于"迷你黄金延期"mAu(T+D)而言,以银行保证金比例 15% 计算,客户最低只需 3 750 元(250×100×15%)即可参与交易。⑥银行代理个人参与投资。各大银行都有金交所代理业务,投资者可选择一家银行网点开立代理保证金账户,下载客户端即可交易。

该种现货黄金投资适合较高风险承受能力,具备一定市场分析能力和投资知识的个人客户。

4. 上海期货交易所的期货黄金

2008 年 1 月 9 日,上海期货交易所推出黄金期货交易品种,见表7-2,通过黄金期货交易更好地发现价格和避险。黄金期货与 Au(T+D)的根本区别在于,黄金期货有固定交割日,而 Au(T+D)无固定交割日,可以一直持仓。黄金期货交易中,实物交割比例要远低于 Au(T+D),合约到期前一般都做平仓(一笔反向交易,平仓后不需要再办理实物交割)。另外,黄金期货交易没有夜间交易,即交易不能涵盖最活跃的欧美时段,持仓过夜风险大。

黄金期货与Au(T＋D)都实行保证金交易,风险成倍放大。适合较高风险承受能力,激进型、资深投资者。

表7-2　上海期货交易所黄金期货标准合约及规定

交易品种	黄金
交易单位	1 000 克/手
报价单位	元(人民币)/克
最小变动价位	0.01 元/克
每日价格最大波动限制	不超过上一交易日结算价±5％
合约交割月份	1—12 月
交易时间	上午 9:00—11:30　下午 1:30—3:00
最后交易日	合约交割月份的 15 日(遇法定假日顺延)
交割日期	最后交易日后连续五个工作日
交割品级	金含量不小于99.95％的国产金锭及经交易所认可的伦敦金银市场协会(LBMA)认定的合格供货商或精炼厂生产的标准金锭
交割地点	交易所指定交割仓库
最低交易保证金	合约价值的 6％
交易手续费	不高于成交金额的万分之二(含风险准备金)
交割方式	实物交割
交易代码	AU

注:黄金期货的每日价格最大波动限制(涨跌停板幅度)和最低交易保证金比例,期货交易所会依据市场情况进行调整。

复习思考题

1. 您是否了解贵金属投资?

2. 贵金属投资产品种类有哪些?

风险承受能力小测试

1. 您的年龄是?

　　A. 25 岁或以下;

B. 26 岁到 35 岁；

C. 36 岁到 45 岁；

D. 46 岁到 55 岁；

E. 56 岁到 65 岁；

F. 66 岁或以上。

2. 您的婚姻状况？

A. 单身；

B. 已婚；

C. 离婚。

3. 您有多少个孩子？

A. 没有；

B. 1 个；

C. 2 个；

D. 3 个；

E. 4 个以上。

4. 您的教育程度？

A. 小学；

B. 中学；

C. 专科或中专；

D. 大学或以上。

5. 若把您所有的流动资产加起来(银行存款、股票、债券、基金等)，减去 1 年内的非定期性开支(例如结婚、买车等)，约等于您每月薪金的多少倍？

A. 20 倍以上；

B. 15.1～20 倍；

C. 10.1～15 倍；

D. 5.1～10 倍；

E. 2.1～5 倍；

F. 2 倍以下。

6. 您估计 5 年后的收入会较现在增长多少？

    A. 50％以上；

    B. 30.1％～50％；

    C. 20.1％～30％；

    D. 10.1％～20％；

    E. 0.1％～10％；

    F. 收入不变或下降。

7. 您平均每月的支出占收入？

    A. 100％以上；

    B. 80.1％～100％；

    C. 60.1％～80％；

    D. 40.1％～60％；

    E. 20.1％～40％；

    F. 20％以下。

统计分数方法

A：10 分　B：5 分　C：4 分　D：3 分　E：2 分　F：1 分

测试结果：

81 分或以上：由于您没有多少财务上的负担，可以很轻松地接受高于一般的风险，可选择高风险的投资项目以赚取较高的回报。

61～80 分：您只有少量财务上的负担，能够接受较高水平的风险，比平均风险略高的投资项目均可以接受。

41～60 分：您接受风险的能力属于一般水平，可以接受普通程度的风险。

21～40 分：由于您个人负担较一般人重，故此接受风险的能力亦属于偏低，不可接受太高风险的投资项目。

20 分以下：您接受风险的能力属于极低水平。因为您有沉重的负担，投资组合中应选择低风险型投资项目。

第三篇

消费信用篇

【导语】 "信用"一词在日常生活中被广泛应用,是现代经济社会所不可缺少的基础。消费信用是企业、银行或其他金融机构以商品、货币或服务的形式向消费者提供的信用。比尔·盖茨有句名言:"世界需要的是银行服务而不是银行本身。"这句话在互联网和金融相遇后得到了很大程度的证实。互联网金融以网络化运营为基础,具备低成本、高效率、低门槛的服务优势,实现了更好的客户体验,推出以后呈现出强大的用户吸引力。随着互联网金融的强势崛起,传统银行纷纷利用"互联网+"思维进行战略布局和转型,全面提供在线银行业务,由专注本行客户服务,到将服务内容和对象扩展到他行客户。在"互联网+"时代,如何熟练运用个人银行卡、网上银行、手机银行、支付宝和微信银行实现支付、融资、投资、信息中介等银行的服务,成为不仅是年轻人也是中老年人的必备技能。

第八章

银 行 卡

知识要点

1. 银行卡分为借记卡和贷记卡两种,借记卡是存款后消费、没有透支功能的银行卡,贷记卡是先消费后还款、具有透支功能的银行卡。

2. 自动存款机提供存款服务。自动取款机提供取款、缴纳费用、查询余额和修改密码服务。

3. 银行自助服务有网上银行、电话银行、手机银行等。

生活金融案例

街头捡获银行卡,险些上当

2016 年某月,某市相继有人捡到这样的信封:里面有一张带有银行卡密码的信纸和银行卡。当时,大家感到好奇,就到附近的取款机上试试,结果卡内账户上竟有 30 万元! 捡到银行卡的人顿时懵了,试试能否取出钱,结果

屏幕显示"不予承兑"。根据信纸上留的电话号码拨通后,对方自称是银行的工作人员,他说:通过系统查询,银行卡有一笔滞纳金未交,所以账户没有激活,补交后,就可以领取其余款项了。

案例分析

　　卡片是假的,此种诈骗方式类似于中奖先交税。这个骗子想要赚的就是电话中所说的 5 000 元滞纳金。如果细心一些,就会发现银行卡的做工和正常的不一样,客服电话也不对。贪图钱财,就会上当受骗了。

　　银行卡是指经批准由商业银行(含邮政金融机构)向社会发行的具有消费信用、转账结算、存取现金等全部或部分功能的信用支付工具。一般情况下,银行卡按是否给予持卡人授信额度分为贷记卡和借记卡。此外银行卡还可以按信息载体不同分为磁条卡、芯片卡、磁条芯片复合卡;按发行主体是否在境内分为境内卡和境外卡;按发行对象不同分为个人卡、单位卡、普通卡、VIP 卡;按账户币种不同分为人民币卡、外币卡和双币种卡。

借　记　卡

　　借记卡又称扣账卡,是指先存款后消费(或取现),没有透支功能的银行卡。

　　1. 借记卡的申请及使用

　　凡年满 16 周岁,办卡人持有效身份证件,即可申办借记卡,不需担保。持卡人可凭卡和密码在发卡银行境内的营业网点,特约商户,及具备存取款、转账、汇款、查询、缴费、投资理财等全部或部分功能的自助设备上使用,也可在相关借记卡组织的境外自动柜员机(ATM 机)和特约商户(POS 机)等受理点使用。持卡人可凭卡和密码申请开通网上银行、电话银行和手机银行等电子银行服务。持卡人办理电子银

图 8-1　借记卡

行业务须同时遵守发卡银行关于电子银行业务的相关规定。

2. 借记卡的特点及功能

借记卡内存款(电子现金除外)按照中国人民银行规定的相应存款利率及计息办法计付利息,并由发卡银行依法代扣代缴利息税。借记卡可以通过 ATM 机和银行柜台存款、转账和提款及在联网的 POS 上进行消费,还可以通过开通手机银行和网上银行等功能,利用电脑和手机轻松地实现网上查询、网上转账、网上缴费(如通讯费、水费、电费、燃气费等)、网上购物、投资理财等众多功能,为生活消费带来了更大的便捷。借记卡不具备透支功能,在转账或消费时直接由存款账户扣款,有多少钱,才能用多少钱,不会产生超刷、透支或动用循环利息等状况。

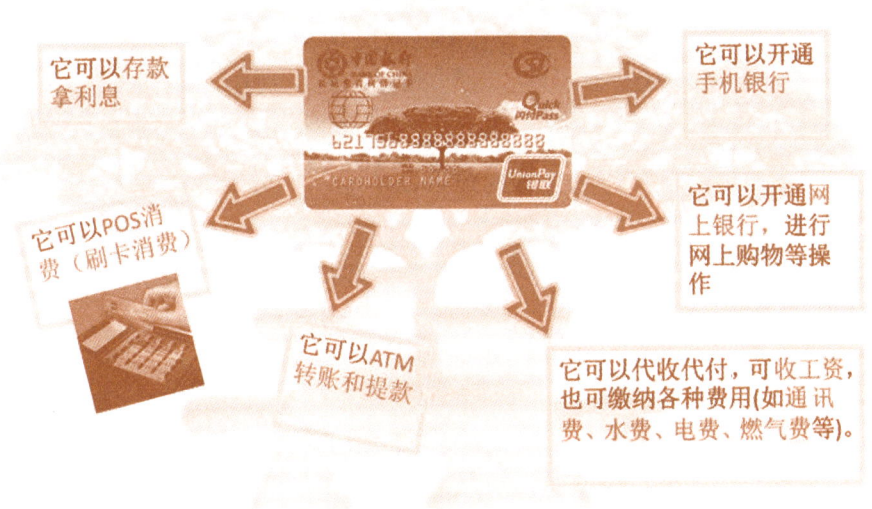

图 8-2 借记卡能干嘛?

3. 借记卡的收费

发卡银行根据国家相关法律、法规和规章制定借记卡服务收费项目和收费标准。收费项目和收费标准可通过营业网点等查询。持卡人须按发卡银行规定的收费项目、收费标准和缴费方式缴纳相关费用。借记卡收费项目、收费标准如有变动,以发卡银行最新公告为准。但发卡银行应保障持卡人的选择权,即持卡人不同意发卡银行所做变更的,可停止用卡。

信 用 卡

信用卡,是指发卡银行给予持卡人一定的信用额度,持卡人可在信用额度内先消费、后还款的银行卡。信用卡可分为贷记卡和准贷记卡。

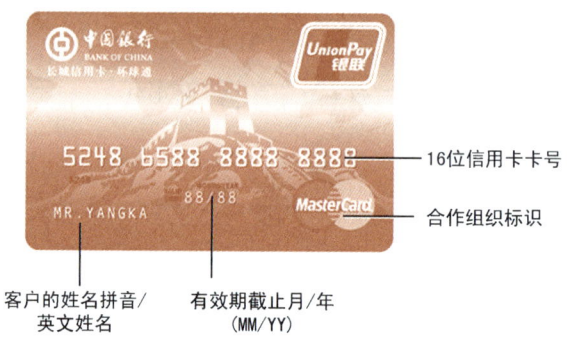

图 8-3　信用卡正面

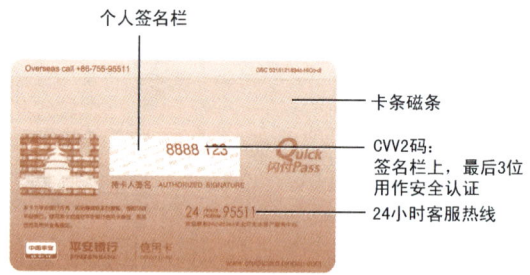

图 8-4　信用卡背面

贷记卡是真正意义上的信用卡,具有信用消费、转账结算、存取现金等功能。它可以先消费后还款,享有免息缴款期(最长可达 56 天),并设有最低还款额,客户出现透支可自主分期还款。

准贷记卡是指持卡人须先按发卡银行要求交存一定金额的备用金,当备用金账户准贷记卡余额不足支付时,可在发卡银行规定的信用额度内透支的信用卡,现在的准贷记卡已不需要交备用金。

信用卡安全用卡提示

● 建议使用信用卡时要设置交易密码,不要将自己的生日、身份证件号码、简单数列等设置成密码,并且最好将交易密码和信用卡自助业务的查询密码设置为不同的密码。

● 在 ATM 机上使用信用卡进行余额查询、取现等业务时,要留意 ATM 机是否有插卡口不规整、插卡口外有异物粘连等异常情况。

● 在商户进行刷卡消费时,要让卡片始终在自己的视线范围内,防止收银员通过非法装置窃取卡片信息。

● 如果发现自己的信用卡遗失,应在第一时间致电客服中心对卡片采取挂失等管控措施。

● 如果接收到银行发送的异常短信提示,应第一时间致电客服中心反映。

银行自助服务

这几年,自助银行发展得非常迅速,各家银行的自助服务设备不断出现在商业闹市区、商务办公区,还有居民住宅区。自助银行又称"无人银行""电子银行",它利用现代通讯和计算机技术,为客户提供智能化程度高、不受银行营业时间限制的 24 小时全天候金融服务,全部业务流程在没有银行人员协助的情况下完全由客户自己完成。

1. 自助银行设备

自助银行设备一般包括:自动存取款机、自动存款机、自动取款机、多媒

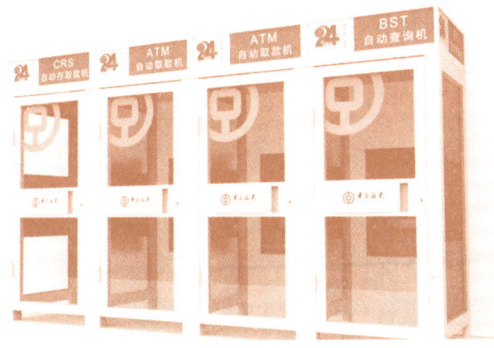

图 8-5 自助银行

体信息查询系统、全自动保管箱和夜间金库等。此外还有外币自动兑换机、存折自动打印机、IC 卡圈存机、电话银行自助理财服务、点钞机、验钞机等。

自动存取款机为目前世界上最先进的自动柜员机,它集现金存取款于一身,并且可以办理缴纳费用业务,极大地方便了客户;自动存款机提供存款服务。自动取款机提供取款、缴纳费用、查询余额和修改密码服务;多媒体自动终端可以全方位介绍金融知识和银行业务信息,并可查询、打印所有账户的历史交易明细,缴纳各种费用,办理卡间转账、卡内转账、外汇买卖、银证转账、质押贷款、国债买卖、提醒服务、打印发票、口头挂失等业务;全自动保管箱则提供自助式保管箱服务,客户存取物品不受时间限制,亦无须银行人员陪同,也能确保客户隐私;事先申请夜间金库业务,则能 24 小时自由存放现金或物品。

2. 自助服务

自助服务有网上银行、电话银行、手机银行等。

网上银行是指银行通过因特网平台设立银行网站为银行提供各种金融业务的网上服务系统。其不但可实现网上查询、转账结算、缴费、汇兑、挂失、咨询、投诉等银行传统业务,更可以开展存折炒股、个人外汇实盘买卖、消费信贷、电子信用证等新兴业务。

电话银行服务是指客户只需通过电话,便可足不出户,办理多种银行业务,如余额查询、信息查询、更改密码、转账、缴费等自助服务。

手机银行服务,是指通过移动通讯网络将客户的移动电话连接至银行,实现通过手机界面直接完成各种金融业务的服务系统,是将货币电子化与移动通信业务相结合的崭新的服务方式。随着手机银行功能的发展,现在各大银行大多都有自己的 APP,用户可以通过 APP 随时随地实现查询、挂失、转账、缴费、证券服务、外汇实盘买卖、理财秘书等金融服务。

复习思考题

1. 银行卡有哪些种类?
2. 网上银行和手机银行分别可以提供哪些业务?

第九章

"互联网＋"银行

知识要点

1. 网上银行是实体银行在互联网中设立的虚拟柜台,实体银行利用网络技术,通过互联网向客户提供账户管理、转账、信贷、证券、投资理财等服务项目,使客户足不出户就能够安全、便捷地管理存款、支票、信用卡和个人投资。

2. 手机银行是指基于WAP技术,依托移动通讯网络,为客户提供的通过手机办理账户管理、转账、支付、理财等自助电子银行业务。

3. 支付宝是国内领先的第三方支付平台,支持使用支付宝交易服务的商家已涵盖了商业零售、数码通讯、网络游戏、境外旅游等行业。

4. 微信银行是继柜台、网页、手机APP之后,零售金融的第四个平台,包括借记卡账户查询、转账汇款、信用卡账户管理、信用卡还款、账单分期、理财产品介绍等卡类业务。

生活金融案例

排斥新金融理财方式,老年群体热捧国债产品

近年来,互联网金融发展迅猛,市场上各种"宝宝"类理财产品由于收益率大于传统银行理财产品,且买卖灵活,广受年轻人的关注和喜爱。他们的理财方式在较短的时间内发生了很大的变化,不少资金从银行转移到了各种"宝宝"类理财产品上。然而,对于老年人群体,新的理财方式却很难被广泛接受。比如财政部计划的2017年第一期和第二期电子式储蓄国债开售前夕,老人们依旧在银行网点彻夜排队等待抢购国债。银行工作人

员说,国债发行的时候,银行还是人山人海,排队抢购国债。老年人追捧国债的原因很简单,就是国债产品安全、可靠,而且收益稳定、可观。电子国债票面年利率一般比银行存款利率高出不少,成为了很多老年人主要的理财方式。国债销售会设定一个发售时间段,但往往是在发售时间段之初就被一抢而空。

案例分析

实际上,同期的各种"宝宝"理财预期收益率均高于电子国债,见表9-1,且申购和赎回都非常方便,只要在手机上安装相应的软件,进行简单的买卖操作即可,既无需排队抢购,更不需要锁定3年或5年。目前,我国已经步入老龄化社会,对于老年人而言,日新月异的银行电子服务令其难以适应,很多老人不会使用ATM机、不清楚网银是啥、不知道如何理财,可金融又与其日常生活息息相关。不少老年人因为不熟悉新兴的理财工具,将手头闲钱交给一些社会上不靠谱的"投资公司"来获取高收益,结果却事与愿违。因此,加强老年人生活理财教育,帮助老人学会自主使用银行的电子服务至关重要。

表9-1　2018年5月3日互联网"宝宝"类理财收益表

产品名称	发行机构	目前资金规模	昨日万份收益	7日年化利率
余额宝	支付宝	16 891.80亿元	1.06元	3.96%
现金快钱	工银瑞信基金	2 761.18亿元	1.11元	4.21%
好买储蓄罐	好买基金	2 761.18亿元	1.11元	4.21%
壹钱包活钱宝	平安银行	1 516.73亿元	1.18元	4.04%
球迷宝	—	1 516.73亿元	1.18元	4.04%
中银活期宝	中银基金	903.47亿元	1.13元	4.21%
微信理财通(华夏财)	腾讯	701.27亿元	1.16元	4.50%
零钱宝(汇添富)	苏宁	631.87亿元	1.14元	4.26%
汇添富现金宝	汇添富基金	631.87亿元	1.14元	4.26%

个人网上银行

网上银行又称网络银行、在线银行或电子银行,是实体银行在互联网中设立的虚拟柜台,实体银行利用网络技术,通过互联网向客户提供账户管理、转账、信贷、证券、投资理财等服务项目,使客户足不出户就能够安全、便捷地管理存款、支票、信用卡和个人投资。

一、网上银行的发展历程

早在 1995 年,全球首家以网络银行冠名的金融组织——安全第一网络银行,便打开了它的"虚拟之门"。两年后,美国可进行在线交易的金融网站就发展到 103 个,这其中包括银行和存款机构,网络银行的数量在 1998 年末跃升至 1 300 个。网络银行凭借着方便、快捷、成本低、功能多的 24 小时服务获得越来越多客户的喜爱,其自身的数目也迅速增

长,成为未来银行业非常重要的一个组成部分。1996 年初,中国银行在国际互联网上建立了主页,在互联网上发布银行信息。目前各大银行都已经在国际互联网上设立了网上银行。

二、网上银行的优势

网上银行的特点是只要拥有账号和密码,客户就可以在世界各地通过互联网进入网络银行管理账户,处理交易。网上银行与传统实体银行业务相比优势主要有:

(1) 大幅降低银行的经营成本,有效提高银行的盈利能力。网上银行业务主要利用公共网络资源,不需设置实体的营业网点,削减了人员费用,提

高了银行管理系统的效率。

（2）无时空限制，有利于扩大客户群体。网上银行业务打破了传统银行业务地域和时间的限制，能在任何时候、任何地方、以任何方式为客户提供金融服务，这既有利于吸引和保留优质客户，又能主动扩大客户群，开辟新的利润来源。

（3）促进服务创新，向客户提供多样化、个性化服务。通过银行营业网点销售证券、基金和保险等金融产品的传统模式，难以为更多的客户提供详细的、低成本的信息咨询服务，作用的发挥受到较大限制。利用互联网和银行支付系统，可以轻松满足客户咨询和交易多种金融产品的需求，客户除办理银行业务外，还可以在网上银行买卖股票、债券等。银行能为客户提供个性化的金融服务。

三、功能和业务范围

网上银行在电子商务中有着非常重要的作用。在经济活动中，不论是传统的交易，抑或是新兴的电子商务，资金支付都是完成交易的一个重要的环节。有所不同的是，电子商务强调支付手段的电子化。有效实现支付手段电子化关系到电子商务的发展前景。网上银行凭借具备优势的网上支付功能，为电子商务中电子支付的实现提供了基础。网上银行承担了连接买卖双方的纽带作用，提供的电子支付服务是电子商务中最为关键的因素。同时，随着电子商务的发展，电子商务也给网上银行带来了巨大的发展空间。目前，网上银行的个人业务主要包括基本银行业务、网上投资、网上购物、个人理财等金融服务。

基本银行业务：余额查询、交易记录、数据下载、转账汇款和网上支付等。

网上投资：银证转账、购买纸黄金、债券、基金等。客户可在银行柜台开设相应账户，在网上银行注册后即开展相应的查询和交易。

网上购物：网上银行为协助客户网上购物，提供优质的金融和信息服务。

个人理财：网上银行通过网络为客户提供金融服务技术援助、理财咨询建议、理财解决方案。

四、使用方法

1. 如何申请和登录网银

客户要开通网上银行,必须持有该行的借记卡或信用卡,持本人身份证和银行卡至发卡银行柜台申请开通网银,设置用户名和登录密码,获取电子密码器。网上银行开通后,客户即可上网登录银行网站。一般进入自己的账户网页,客户还需要根据网页提示安装相应的安全软件,安装后即可进入登录界面,输入用户名和密码登录个人账户。

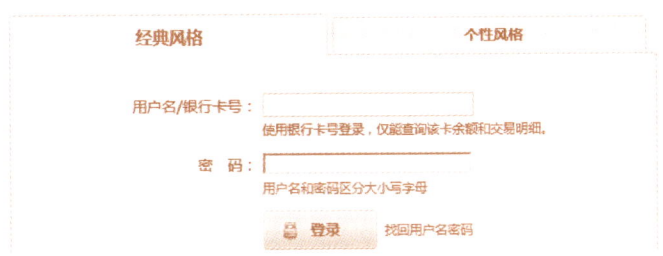

图 9-1 登录网银

2. 如何设置关联账户

目前,老年人的退休金和各种补贴一般是定期打到存折上的,取款时需要到银行的柜台去排队领取,费时费力。如果把它与该银行自己名下的借记卡关联起来,就可以直接在网上管理存折内的存款了。要想实现这个功能,客户既可以到银行的柜台申请办理,也可以自行上网设置关联账户,找到相应功能选项,根据网上提示的步骤操作即可完成。

3. 如何在关联账户间转款

我们可以设置关联账户的存折、借记卡、信用卡都可以互相转款,登录网银后,点击关联账户转款选项,即可进行转账操作。由于是同一账户名下的转账,所以我们不需要使用电子密码器,操作简便。

4. 如何进行行内转账汇款

行内汇款是指是由一个银行的网点向国内相同银行的收款人汇款的方法,转出账户只可使用借记卡、信用卡。登录网银后,点击行内转账汇款选项,汇款前保持银行预留手机号处于开通状态,用于接收动态交易密码,并准备好电子密码器。填好汇款单,银行会向客户预留手机号发送动态交易密码。客户将这个交易密码填入指定选择框中,然后再把电子密码器的密码输入到指定的选择框中,确认即可。

5. 如何进行跨行汇款

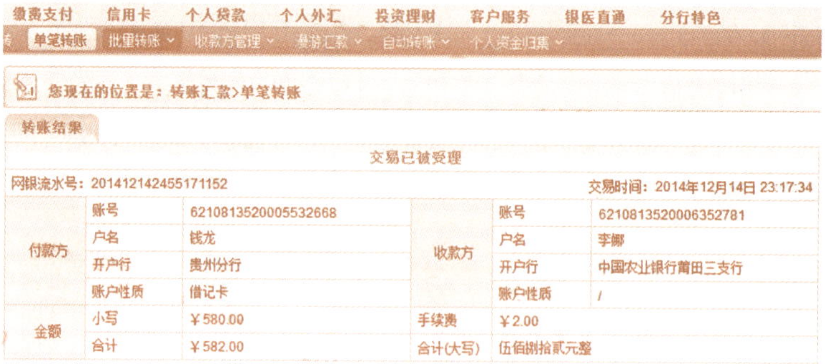

图 9-2　银行汇款

跨行汇款是由一个银行的网点向另一家银行的账户汇款的转账方法。用这种方法可以向境内各银行开立的账户转账汇款,转出账户只可使用借记卡。登录网银后,点击国内跨行汇款选项,准确填写收款人的开户银行,填好汇款单,用手机动态交易密码和电子密码器的密码进行确认。

6. 如何买卖理财产品

客户在网上购买理财产品首先要到银行的柜台办理签约和风险测评,完成这两个步骤后,即可登录网银,选择理财产品,进行买卖操作。

7. 如何买卖国债和基金

客户在网上购买电子式国债和记账式国债可以登录到自己的个人账户,查询、兑取和购买电子国债。在网上购买基金时,客户要先到银行的柜台开立基金交易账户,并把这个账户跟银行借记卡关联,登录网银后,进行查看、买入和赎回基金操作。

五、风险防范

1. 使用网银官方网址,避免从第三方获取

登录网上银行时,用户应尽量使用银行提供的官方网址,首次登录后最好将网址保存到浏览器的收藏夹中,方便日后使用。避免通过搜索工具等第三方途径获取网址,一些钓鱼网址很可能就隐藏其中,窃取用户的安全信

息,带来账户安全风险。

2. 避免设置简单密码,保管好数字证书

网上银行密码应避免使用单一数字或字母、出生日期等,建议选用数字、字母混合密码,提高密码破解难度,查询密码与交易密码区别设置。避免在公用场所使用网上银行,防止密码、数字证书等资料被他人窃取。

3. 掌握账户变动信息,核实交易记录

用户应定期登录网上银行查看账户交易记录,也可向银行申请账户短信变动通知,随时掌握账户的变动情况。

手 机 银 行

手机银行是指基于 WAP 技术,依托移动通讯网络,为客户提供的通过手机办理账户管理、转账汇款、缴费、消费支付、理财投资等自助金融服务的电子银行业务。作为一种结合了货币电子化与移动通信的新型服务,移动银行业务不仅可以使人们在任何时间、任何地点处理多种金融业务,而且极大地丰富了银行服务的内涵,使银行能以便利、高效而又较为安全的方式为客户提供传统和创新的服务。

图 9-3　手机银行

一、手机银行的发展历程

随着智能手机的普及和功能提升,网上银行已经不能满足人们移动金融需求。2000 年工商银行、中国银行相继推出了 SIM 卡技术的手机银行,经过短短几年的发展,手机银行逐渐实现了与网上银行的并驾齐驱。手机银行的功能在安全性、便捷性和实用性等方面也全面超过了电话银行。对绝大多数客户来说,手机银行已覆盖了网上银行的常用功能。

二、手机银行的优势

手机银行是网上银行的升级,全面打破时间、空间的束缚,实现了全天候移动金融服务,成了人们的"电子钱包"。与传统银行和网上银行相比,手机银行有着显著的优势:

(1)手机银行使用更方便。手机银行的功能是网络银行的一个升级版,比网络银行更为方便,只要随手携带,便可轻松完成绝大多数金融业务。

(2)手机银行的安全措施更严密。相比于网上银行的安全措施,手机银行从手机端到银行端全程加密,同时还采用了数字签名、绑定手机卡等,充分保证了客户交易和账户资金安全。

(3)手机银行发展前景广阔。日趋成熟的商业模式和用户新型的消费习惯,使得手机银行和支付的发展大大超过许多人在互联网时代的预期,人们日常的生活日益离不开手机银行的应用。

图9-4　手机应用

三、功能和业务范围

(1)银行账户管理:提供各类账户查询、银行卡维护、账户挂失等服务功能。

(2)各类转账汇款:提供同行和跨行汇款、定期存款、通知存款、收付款账单,以及本人外币转账等功能。

(3)申请个人贷款:提供申请质押贷款和查询贷款合同信息、借据信息和还款信息等功能。

（4）各类缴费业务：提供缴纳通信、水、电、煤气等费用的功能,支持委托代扣协议。

（5）个人贷款业务：提供客户查询未结清的贷款合同信息、借据信息、还款计划等信息。

（6）各类投资理财业务：提供理财产品、国债、基金、保险、外汇、期货和贵金属的申请、查询和买卖功能。

（7）证券第三方存管业务：进行银行转证券公司、证券公司转银行和相关查询交易。

（8）手机预约无卡取现业务：在手机银行预约取现,记录预约码与银行提供的动态密码,可至 ATM 进行无卡取现。

四、使用方法

客户如果还未办理银行卡,可以在办卡时要求工作人员开通网上银行和手机银行业务,其中有的银行会提供口令卡,在用手机银行进行简单支付时会用到。开通手机银行后,客户应设置登录密码,在今后登陆手机银行时使用。密码不要设置得过于简单,但也要设置个比较容易记住的。安装手机银行 APP 后,输入账号和密码登录,即可使用手机银行上述功能。

五、风险提示

（1）下载安装银行官方的手机银行客户端时,应确定手机银行签约绑定的是自己的手机。

（2）使用公共场所提供的免费 WiFi 登录手机银行存在安全隐患,尽量使用自己的网络。

（3）按照自己平时的交易习惯、安全需求,设立合适单笔和每日转账资金的额度限制。

（4）更换手机号码后,应及时修改银行绑定信息,避免原手机号仍旧使用手机银行功能。

（5）开通短信通知业务,确保在第一时间获取银行发送的账户资金的变动短信提示信息。

支 付 宝

支付宝是国内领先的第三方支付平台,致力于提供"简单、安全、快速"的支付解决方案。

一、支付宝的发展历程

2004年支付宝公司成立,在确保产品在线支付安全的同时,其坚持以信任作为产品和服务的核心,致力于建立用户在使用支付宝过程中的相互信任。在成立后的十余年时间内,支付宝提出的化繁为简,以技术的创新带动信用体系完善的理念深入人心,为电子商务领域的用户创造了丰富的价值,推动了移动支付系统的飞快发展,已经成长为全球最领先的第三方移动支付公司。支付宝的创新技术、独特理念和庞大客户群吸引越来越多的互联网商户选择支付宝作为其移动支付系统。

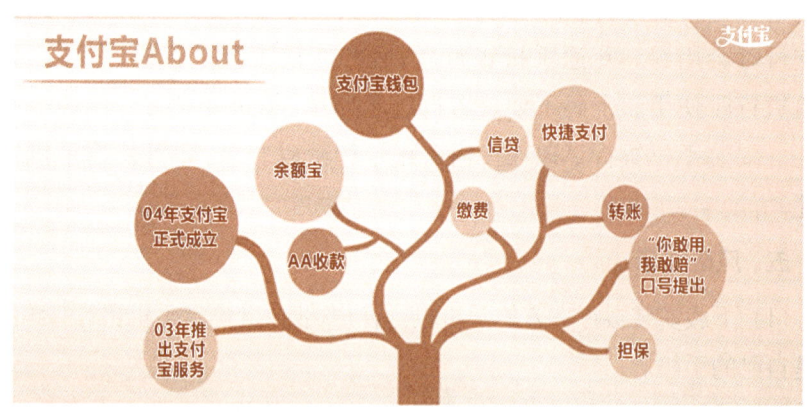

图 9-5　支付宝

经过十余年的发展,不仅是天猫、淘宝和阿里巴巴等电商平台,支持使用支付宝交易服务的商家已经覆盖了商业零售、数码通讯、网络游戏、境外旅游等行业。支付宝以敏锐的市场观察力、先进的产品技术、稳健的运作和强烈的社会责任感,赢得了金融机构等合作伙伴的信任。支付宝根据客户需求不断开发新技术,推出新产品和新服务,成为金融机构在电子支付领域值得信任的合作伙伴,与国内各大商业银行以及国际信用卡组织等各大机构建立了战略合作关系。

二、支付宝的优势

支付宝是一种新的第三方支付模式,与传统支付模式相比,具备以下几点优势。

(1) 有效打破壁垒,实现国内各大银行之间多方合作。支付宝采用了与各大银行合作的方式,方便了客户的网上交易,充分发挥银行信用保障,降低交易风险,消除用户对网上支付的担心。

(2) 为使用支付宝支付系统的商户提供支付管理服务。支付宝在提供支付结算功能的同时,为商户提供实时交易查询、交易系统分析和退款服务。

(3) 全程记录交易信息,防范交易风险。支付系统保存交易双方的详细交易记录,可防止交易双方不诚信交易行为,为交易中可能出现的纠纷问题提供可靠证据。

(4) 坚持以全额赔付作为交易安全保障。支付宝承诺用户如因使用了支付宝而遭受风险损失给予全额赔偿,这一承诺赢得了用户的极大信任。

三、功能和业务范围

(1) 满足日常生活中各类移动支付需求;

(2) 设立余额宝,满足日常理财需求,收益信息一目了然;

(3) 异地跨行免费转账,信用卡还款、各类充值、缴纳水电煤气费;

(4) 查询网上购物账单、账户余额、物流信息;

(5) 服务本地生活,提供买单打折信息和优惠;

(6) 满足一定的社交功能,方便朋友间群聊群付;

(7) 提供建立子女父母亲情账户功能。

四、使用方法

使用支付宝首先要注册一个支付宝账户,用户可在支付宝官方网站注册。用户申请支付账户需要实名认证,核实用户本人身份信息和银行账户信息。

1. 支付

用户注册支付宝账户后,可添加本人名下的银行卡(借记卡或信用卡)账户,以及支付顺序。银行卡需要开通网银业务,并绑定本人手机号码。用户可将资金存入余额或余额宝用于支付之用。用户在支付时,打开支付宝,点击"扫一扫"或"付钱",对准二维码按照提示就能完成支付。扣款根据用户设定的顺序,依次检查余额、余额宝、银行卡中剩余金额情况,按优先顺序扣除。

图9-6　用支付宝支付

2. 余额宝

余额宝是支付宝提供的理财服务。用户将银行卡中的资金转入余额宝,即购买了天弘余额宝货币市场基金,可每日获得一定的投资收益。余额宝除了理财功能以外,还可直接用于购物、转账、缴费、还款等消费支付,使用方便灵活,受到用户认可。

3. 各类缴费业务

缴纳水电煤费、交通罚款、物业费、有线电视费等。

4. 机票酒店预定

为用户提供全球机票、酒店等境外旅游产品的人民币购买服务。

5. 境外购物退税

支持消费者出国购物退税,支付宝退税税金最快7个工作日到账,而传统信用卡退税一般需要1个多月。目前,支付宝支持海外多处热门旅行目的地的购物退税,并不断地增加新的退税合作商户。

图9-7　支付宝全球退税

6. 医疗服务平台

支付宝打造了一站式的医疗服务平台,提供挂号就诊、健康咨询、健康信息、母婴服务、健康金融等健康管理服务。

图 9-8 未来医院

7. 申请信用消费

用户可根据个人支付宝信用申请一定金额的透支消费。

8. 使用共享单车

用支付宝"扫一扫"可打开 ofo、永安行、小蓝、优拜和 funbike 等共享单车。

五、风险提示

(1) 妥善保管支付宝账户和密码,不向他人泄露自己的密码,拒绝任何名义、任何方式的索取密码。

(2) 分别设置支付宝的登录密码和支付密码,尽量采用数字＋字母组合密码,避免使用生日和昵称作为登录密码或支付密码。

(3) 如用电脑登录支付宝的网址,建议直接输入官方网址,首次使用后将网址加入收藏夹,切勿从网上提供的各类链接访问网站。

(4) 熟练掌握支付宝交易流程,作为买家一定要在自己收到货且没有异议后去点击确认收到货,如果长时间没有收到货物,需及时向支付宝提出退款申请。

微 信 银 行

微信银行基于移动支付终端,以银行业务系统为基础、移动网络为媒介、微信软件为平台,提供互联网金融服务,是继柜台、网页、手机 APP 以外零售金融的第四个平台,提供借记卡账户查询、转账汇款、信用卡账户管理、信用卡还款、账单分期、理财产品介绍等卡类业务。

一、微信银行的发展历程

随着微信使用的普及,在微信拓展银行业务也成了可能和需要。2013年招商银行率先在微信中推出了公众账号"信用卡微信客服",随后又对此平台进行了升级,推出全新概念的"微信银行",是银行业的一大创新之举。当年,中行、工商、交通、平安、浦发等银行也相继推出微信服务平台,在微信营销方面开展了积极的探索。

二、微信银行的优势

与手机银行不同的是,微信银行的许多服务内容并非本银行的客户才能享受。微信银行上许多服务内容是向全部微信注册用户开放的。

在用户体验上,微信端的服务门槛更低,用户只需要关注微信就能享受一些基础的便捷服务,无须再次下载客户端,并且微信银行的服务内容更新更快。

三、功能和业务范围

目前,微信银行业务主要包括账户查询、转账汇款、信用卡还款、账单分期等,有的微信银行还可以办理信用卡办卡申请、贷款申请、理财产品购买、充值

图 9-9　微信钱包

缴费、网点预约、排队人数查询等业务。目前,各银行微信平台主要由其总行统一搭建和运作,部分银行结合地方特色搭建了自有微信平台,主要用于宣传特色营销信息,如网点地图、休闲娱乐、餐饮优惠信息等。

四、使用方法

用户在手机上关注银行微信公众账号,使用该账号的菜单选择功能或客服功能,实现在线办理金融业务或在线咨询服务。具体操作方法为:登录微信,在微信框格下方点击"通讯录"→"添加"→"查找公众号",在搜索框中输入" ＊ ＊ 银行"微信号,添加关注即可使用微信银行服务。

五、风险提示

1. 仔细甄别官方微信银行公众账号

用户在微信"查找公众号"搜索某家银行时,会出现很多与之相关的公众号,这些账号的名称相近或完全相同。这些相同的微信银行中,有的是属于总行的,有的是属于该行分支机构的,还有的则可能是假冒的,客户需要仔细甄别银行官方的微信账号。

2. 采取微信银行客户信息保护措施

由于微信银行业务不需要查询密码,很容易出现信息泄露问题。比如客户在绑定银行卡后,不需要输入密码便可以查询账户信息,存在安全问题。手机一旦丢失,客户存在微信平台中的信息直接泄露。另外,微信账号被盗也会导致信息泄露。因此使用微信银行一定要保管好自己的手机,设置开机密码,降低信息泄露的风险。

复习思考题

1. 如何开通支付宝支付? 如何使用支付宝进行支付?

2. 支付宝可以提供哪些服务?

3. 微信银行的业务有哪些? 如何使用微信银行?

第四篇

出国准备篇

【导语】 如今出国旅行旅游已经不是年轻人的专属活动,越来越多既有积蓄又有时间的老年人走上"世界那么大,我要出境去看看"的旅程。退休后,到境外领略异域文化、游览世界名胜,品尝各国美食是对自己人生阅历的一种丰富,顺便在境外购买物美价廉的国际品牌产品更是一种超值回馈。统计显示,6 成老年游客会选择飞行时长较短的亚洲国家或地区作为目的地,如日本、韩国、泰国等地。此外,也有近 4 成的老年游客会选择欧洲、北美洲、大洋洲作为他们的目的地,平均一次出境游的花费可以达到 1 万～2 万元。在出境旅游的过程中,我们会碰到诸如办理外汇兑换、个人境外汇款、存款证明、个人保证金、出国信用卡、退税等问题,在这一篇里,我们具体来讲述如何娴熟地应对这些事儿,让我们的出行更加轻松。

第十章

外 汇 兑 换

知识要点

　　1. 外币兑换是银行向个人客户提供的外币与人民币之间相互兑换的业务,分为购汇和结汇。

　　2. 境内外币兑换的手续和技巧。

生活金融案例

出国游从"尽量少带现金"到"千万别忘带点现金"

　　如果要问现在和 5 年前最大的差别是什么,可能会有不少人说,现在出门不用带现金了,一部手机就是钱包。确实如此,如今无论是路边小摊,还是高档商场,几乎都可以使用支付宝或微信付账。而且,支付宝早就踏出了国门,走向了世界。目前,中国的移动支付业务可谓横扫全球,相继登陆美国、日本、韩国、泰国、马来西亚、新加坡等 30 多个国家和地区,并开拓了挪威、瑞典、芬兰、丹麦等北欧市场。

随着移动支付走向世界，中国人出境游更加方便了。2017 年的"十一"假期，韩国首尔、德国新天鹅堡等都出现了支付宝的广告。在日本，机场免税店、百货店、便利店、药妆店处处可见支付宝的标志，那些日本旅游必买清单里的日用品、药妆、小家电等，都可以通过刷支付宝的方式在日本买到。

尽管中国的移动支付正逐步覆盖全球主要旅游目的地，但在境外，当地现金仍然是流通性最好的货币，适当地兑换一定金额的当地现金也是必需的。2017 年 5 月，一名山东游客前往泰国旅游，在曼谷机场被抽查现金，因没有带够 4 千元现金被当即遣返。原来这是因为泰国规定入境泰国的游客必须随身携带不少于 20 000 泰铢(约合人民币 4 000 元)的现金。

案例分析

曾几何时，因为中国游客出国游时喜欢随身携带大量现金而频频成为被抢劫的对象，以至于媒体和我驻外使领馆不断提醒中国游客"出国要少带现金"。到今天，这种提醒变成了"出国要记得带点现金"，这其中的转变，正是中国移动支付飞速发展的结果。除了类似因素外，国外的移动支付毕竟还不如国内普及，很多店铺暂时还无法接受支付宝或微信付账，出国前准备点该国的现金还是很有必要的，一般以出境的天数与预期平均每天的日常用餐、出行、门票和小额购物支出为依据。

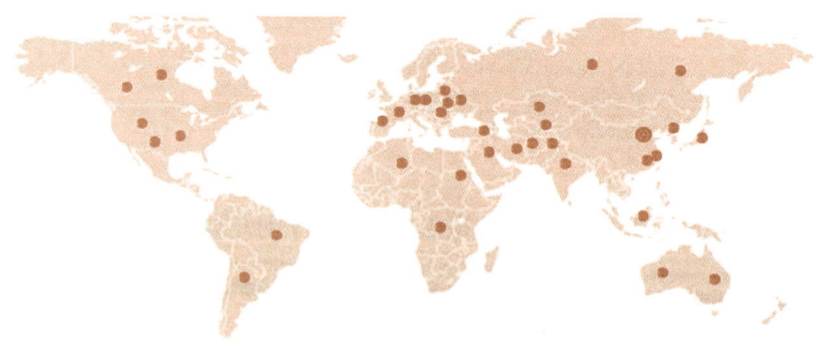

图 10-1　中国银行全球分布图

一、为什么要进行外币兑换

外币兑换是银行向个人客户提供的外币与人民币之间相互兑换的业

务,分为购汇和结汇。购汇是指按照银行提供的即时牌价将人民币兑换成外币的业务;结汇是指按照银行提供的即时牌价将外币兑换为人民币的业务。在境内兑换外币主要通过银行,在境外还可以通过机场、酒店、商场等地的外币兑换点。

二、在境内外币兑换

外币兑换的手续并不复杂,在跟银行预约了之后,持本人有效身份证件,填写相关单据,付款即可办理。目前,国内四大行(中国银行、农业银行、工商银行、建设银行)都可以兑换外币。其中,中国银行能兑换的币种最多,包括:英镑、港币、美元、瑞士法郎、新加坡元、瑞典克朗、丹麦克朗、挪威克朗、日元、加拿大元、澳大利亚元、欧元、澳门元、菲律宾比索、泰国铢、新西兰元、韩元等。其他银行如招商银行、交通银行等也可以办理,招行、交行的信用卡如果有 3 万的人民币额度,那就有等额的美元可以提取。此外,并不是所有的银行营业厅都能办理兑换外币业务,某些城市只有特定营业厅能兑换外币,需提前打电话咨询。

三、在境外外币兑换

游客如果来不及在国内事先换好外币,就只能到境外再换。国外的外币兑换点、机场、酒店、部分银行和自动柜员机一般能兑换当地货币,只是汇率上差别较大。如果需要小额外币的话,游客还可以跟导游兑换一点。

1. 在境外的外币兑换点换汇

一般境外的外币兑换点在市中心的商业区,营业时间比较长,还有 24 小时营业的,兑换起来非常方便。不过各家门店的汇率往往有高低,如果有时间和精力的话可以货比三家。

2. 在境外银行和自动柜员机换汇

如果选择境外的银行和自动柜员机取现,手续费也比较合理。所以如果兑换点的汇率太低,可以就到银行和自动柜员机取。

3. 在境外机场或酒店换汇

在机场、酒店换汇比较方便,但兑换汇率相对较低,收取手续费也较高。如果急需在机场兑换的话,尽量找找稍偏僻的换汇窗口可能优惠一点。

4. 在境外跟导游换汇

如果跟团出去旅游,带队导游往往也会持有一定的外汇,能帮忙兑换一点外币,特别是需要小额票面的话。兑换时导游会加收一定的费用。

各个国家和地区换汇方式的选择应有所不同。比如在泰国,有银联标志或泰国关联银行的自动柜员机提供直接用银行卡提取泰铢。在日本,凡是标有"两替商"的银行或者邮局均可以兑换日币,交易前要确认好汇率和有无手续费。在东南亚,一般人民币是可以直接兑换境外货币的,但是使用美元兑换的地点更多,可在银行、酒店、外币兑换点或导游处兑换货币,他们的汇率也是不同的。在欧洲和澳洲,人民币一般是无法直接兑换的,最好是先兑换成美元,然后再去银行或者外币兑换点换汇。

四、外币兑换的技巧

1. 尽量在出境前兑换好外币

外币兑换第一条原则是能在国内银行兑换的就提前换好。因为在国内的银行兑换,汇率是最划算的。在国内国外机场、外币兑换点或是自动柜员机兑换外币,与在国内银行都会有汇率差。所以说如果时间充分的话,就应该事先在国内银行换好。

2. 出境前一两周兑换外币最合适

换汇时间的选择主要依据的是所换外币汇率的涨跌趋势。不宜过早兑换,以人民币兑换美元举例,从长期来看,人民币处于升值的通道中,因此不需要提前很长时间兑换,在出境前一两周兑换较为合适。也不宜已过晚兑换,如果仅仅提前一两天去兑换,未必那天就有足够的外币,而且很多银行兑换外币都需要提前一天预约,可能会误了兑换时机。

3. 出境旅游兑换外币现金不宜过多

如今旅游购物主要是刷卡支付,现金需求量不大,主要用来支出交通出行、餐饮小吃、购买小商品等费用,因此建议少换些外币。如果去的是东南亚国家,人均兑换5 000元人民币的外币就可以了。兑换的外币过多,导致用不完,回国后再换回人民币,又会造成手续费损失。需要提醒的是我国海关规定,每人可以携带不超过 2 万元人民币或 5 000 美元的等值外币现金出境,超过限额须在出境前向海关申报。但 5 000 美元已经可以满足出境旅游时的大部分需求,其余刷卡消费即可。

4. 在境外选择刷卡消费可减少手续费

换汇除了有汇率损失,还需要支付手续费,在境外选择刷卡消费能减少手续费用。目前很多银行都推出了面向出境旅游的人民币和美元双币种信用卡,当选择到非美元结算国家旅游时,刷卡将以当地货币来结算,而在信用卡上以美元记账,回国后可用美元或人民币还款。需要注意的是,在境外尽量使用自己名下的信用卡,并在背后签好名字,因为在境外比起信用卡密码,店家更加认可持卡人本人的签名。

5. 去小币种国家可将美元作为中转货币

东南亚国家是我国的热门旅游目的地,不少东南亚国家的货币为小币种,如果要兑换越南盾、缅元等这些东南亚币种,国内银行无法直接兑换。解决问题的办法是先将人民币兑换成美元,再到境外兑换成当地币种。因为美元是国际上广泛认可的流通货币,且美元汇率比较稳定,在国内兑换美元,比在国外兑换美元利率更加优惠。

复习思考题

1. 出境旅游是在境内先把外币兑好,还是到境外再兑好?

2. 兑换外币有哪些渠道? 有什么差异?

3. 到小币种国家旅游如何兑换外币?

4. 您出境旅游在兑换外币时有什么值得分享的经验?

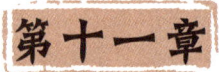

第十一章

个人境外汇款

知识要点

1. 支付结算也包括境外汇款这一个方式,境外汇款是商业银行的主要外汇业务之一。金融领域中一般解释的境外汇款是以国家为单位,将资金支付给收款人的支付方式。

2. 境外汇款以支付工具来进行分类,可将汇款分成电汇、信汇、票汇这几种类型。

3. 境外汇款的业务主要指境外汇入汇款、汇出境外汇款。

生活金融案例

A 银行某支行在其分行的汇款部门办理了一笔美元汇出款项,在审查过程中,汇款申请书中的收款方填空中仅填了"Hong Kong and Shanghai Banking Corp. Ltd."(汇丰银行),详细的城市名和国家名称都没有完善,因为汇丰在全球都设立了多家分行,汇款过程中没有指明哪家分支机构是无法操作成功的。对此,工作人员通过电话形式询问相关人员,支行经办人员回复是中国香港汇丰银行。届时，银行经办人员就将款项转到了汇丰银行香港分行的账户中，多日之后，收款人到支行查询相关信息，要求了解款项是在哪一天汇出，工作人员随即以电话形式询问海外账户行，了解汇款人没有汇款的原因，要求告知划付日期，这笔汇款已经从收款银行退回去，原因是无法解付。这个时候，汇出行再详细了解汇款申请书，才知道收款人的地址在新加坡，收款银行必然就不是香港汇丰银行，在获得汇款人许可的情况下，再要求海外账户将收款方改成"Hong Kong and Shanghai Banking Corp. LSingapore"，最后才成功完成了转账。

案例分析

案例中汇款没有成功是因为在汇出之前没有填写正确具体的银行地址和名称，汇款最重要的是要获得收款人或收款银行的正确信息，具体到城市名称和国家名称，填写不能错误也不能漏填。银行工作人员要详细审核，确保汇款信息的完整性和正确性，防止漏填或是错填，导致汇款被打回，或是转错。在汇款之前，因为某些原因不能正确知道具体信息，就要及时向汇款人询问清楚，而非凭自己主观臆断，这样既能避免转错或是被打回的情况，也能有效保障汇款人和收款人的利益。

目前，国内资本账户还不能完全兑换，资本项下个人投资也要在规定渠道中进行。此外，个人境外汇款也只能在经常项下外出旅游、境外留学、探亲、贸易、购买等。个人境外汇款不是大家想汇多少就汇多少，想买什么就买什么。

一、境外汇款

境外汇款是支付结算的一种方式，也是商业银行外汇业务的重要构成内容，关于境外汇款概念的界定上，金融领域一直没有准确统一的定义，但都普遍界定境外汇款是一国境外付款人借助银行将资金支付给收款人的结算方式。

汇款结算涉及的主体：

（1）汇款人（remitter），是拥有款项并申请汇出的一方。汇款人要承担一定的责任，就是要填写完善的信息，包括汇款申请书、汇出金额，并支付一定费用。

（2）汇出行（remittingbank），是在接受汇款人委托之后而拨付款项的银行。汇出行一般为汇款人所在地区的银行，要承担将汇款人指定的款项金额拨付给收款人的责任。

（3）汇入行（payingbank），也被称为解付行，汇入行接受汇出行委托之后协助其办理款项拨付，汇入行一般是收款人所在地区的银行，要求是汇出行的联行或是代理行。汇入行要向汇出行提供证明，向收款人发出收款的通知。

（4）收款人（payee），也称为受益人（beneficiary），是接受汇款的收款者。

二、境外汇款的种类

以支付方式不同来进行分类，汇款可以分成电汇、信汇、票汇这几种类型。

（一）电汇

1. 电汇的含义

电汇（telegraphic transfer，T/T）是在汇出行接受汇款人申请的情况下，通过加押电报、电传或 SWIFT 等途径来将要求金额拨付给收款人的汇款方式。

图 11-1 电汇

2. 电汇的特点

（1）收款迅速及时。电汇是收款速度最快的一种汇款方式，银行一般当天处理，交款迅速，但汇出行无法占用客户在途资金。

（2）安全可靠。由于目前电汇大部分采用电传和 SWIFT 发出，而这两种方式又是银行之间的直接通信手段，并有密押核实，减少了邮递环节，产生差错的可能性很小。因而，在目前汇款业务中，电汇所占比例很大。

（3）汇款人承担的费用成本较高。汇款人必须承担电讯费用,汇款成本高。

3. **电汇业务的基本流程**

（1）汇款人准确完善电汇申请书,并支付一定的费用。

（2）汇出行在获得汇款人申请之后,电汇回执给汇款人。

（3）汇出行按照汇款人的申请要求,把需要汇出的款项、收款人与地址、附言等内容以电传、电报、SWIFT 等方式传达给汇入行解付。汇出行在发送电传或是其他方式通知时,要加列和汇入行商议好的密押,从而确保汇入款项的准确性。

（4）汇入行在获得汇出行汇款电文之后,对相关信息进行核实,在保障真实性之后再向收款人发出通知。如今,在国际贸易结算过程中,通常收款单位在汇入行都会开设专门账户,因此汇入行可凭借电文把款项直接汇入其账户当中,再向收款人发出收款通知。

（5）收款人以通知书为凭证取款,并在"收款人收据"一栏上签字盖章。

（6）汇入行负责对汇款进行解付。

（7）汇入行向汇出行发出付讫借记通知书,从而结算汇入行和汇出行之间的债权和债务。

（二）信汇

1. **信汇的含义**

信汇(mail transfer, M/T)是汇出行接受汇款人申请之后,通过航空信函的方式要求汇入行向收款人解付款项的汇款方式。

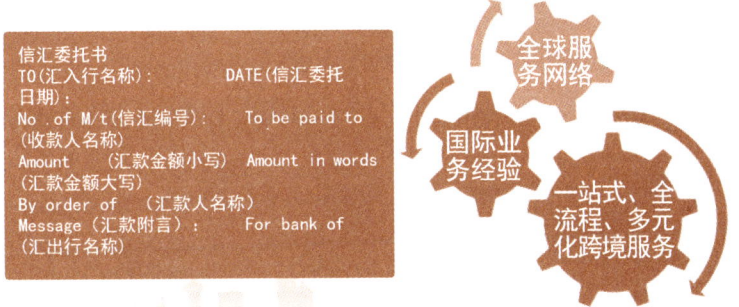

图 11-2　信汇

2. 信汇的特点

(1) 银行可短期无偿利用信汇资金。由于信汇邮递在途时间较长,因此汇出行可以占用邮递时间内的信汇资金。

(2) 信汇费用成本相对较低。

(3) 信汇资金的转移速度较慢。信汇通过航邮至汇入行,汇款在途时间较长,收款时间较久。

3. 信汇业务的基本流程

信汇业务和电汇流程相似,也就是汇款人要完善汇款申请书。两者的不同在于,汇出行根据汇款人的要求,通过航空信函向汇入行提供信汇委托书(M/Tadvice)或支付委托书(paymentorder),便于汇入行解付和结算。

(1) 汇款人完善信汇申请书,并支付一定费用。

(2) 汇出行向汇款人提供信汇回执。

(3) 汇出行按照汇款人的申请要求,通过航空信函邮寄信汇委托书给汇入行,便于汇入行解付,信汇委托书的内容包括汇款金额、收款人、汇款人、地址、汇款人附言等。

(4) 汇入行在获得汇出行汇款信函,核实印鉴的真实性之后,便向收款人发出取款通知。

(5) 收款人以通知书为取款凭证,之后便在"收款人收据"上签名或盖章。

(6) 汇入行对汇入的资金进行解付。

(7) 汇入行以邮寄的方式将付讫借记通知书转给汇出行,便于结算汇入行和汇出行的债权和债务。

(三) 票汇

1. 票汇的含义

票汇(remittance by bankers demanddraft, D/D)是汇出行根据汇款人的要求,开出汇票,便于付款结算,交予汇款人,通过汇款人为中介转给国外收款人,收款人再以票据到汇入行取款。

2. 票汇的特点

(1) 银行可无偿占用资金。票据的出票、寄(带)或者转让占用时间较长,银行在此期间可以占用票汇资金。

(2) 取款方便,手续简便。收款人只需要持票到汇入行取款,汇入行不用再另行通知,省却了汇入行通知的环节,简化了手续。

(3) 汇款人可以通过背书把票据转让他人,具有一定的流通性和灵活性。

(4) 办理票汇业务时,汇出行要出具票汇通知书或票根,并寄至汇入行,以便汇入行在收款人持票向其取款时,凭票根核对汇票的真伪。待证实汇票无误后,解付票款给收款人,并将付讫收据寄至汇出行。

3. 票汇业务的基本流程

(1) 汇款人完善票汇申请书,并交予一定的费用。

(2) 汇出行开具汇票给汇款人。

(3) 汇款人以邮寄方式把汇票邮给收款人。

(4) 汇出行则把汇票的票根邮给汇入行。

(5) 收款人以汇票作为凭证取款。

(6) 汇入行核实汇票与票根的真实性之后将款项转给收款人。

三、国际汇款业务流程

1. 境外汇入汇款

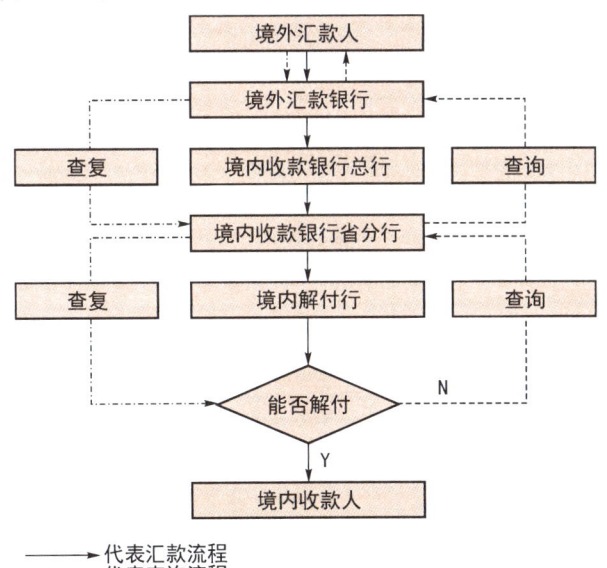

图 11-3　境外汇入汇款业务流程图

中国银行境外汇入汇款为例,境外汇入汇款业务流程图中主要采用的汇款方式有电汇、票汇与信汇,而电汇与票汇则是最常用的汇款方式。电汇是效率最高的,收款人能最快收到款项,有利于提高资金周转效率;票汇与信汇的费用相对较低,收款人所花成本也相对较低。鉴于此,如果收款人考虑到资金周转与财务费用这两个方面,电汇方式汇款最为适合;而如果用于非贸易和资本项下结算,则适合选择票汇和信汇的汇款方式。

2. 汇出境外汇款

以中国银行汇出国外汇款为例,双方协商好汇款方式,委托海外联行或代理行来进行转账。汇款可选择电汇、信汇与票汇这几种方式,而电汇与票汇则是主要方式。其中,电汇效率高,可在短时间之内完成汇款,收款人对电汇的信任度较高;票汇成本低,汇款人选择票汇可减少成本费用。

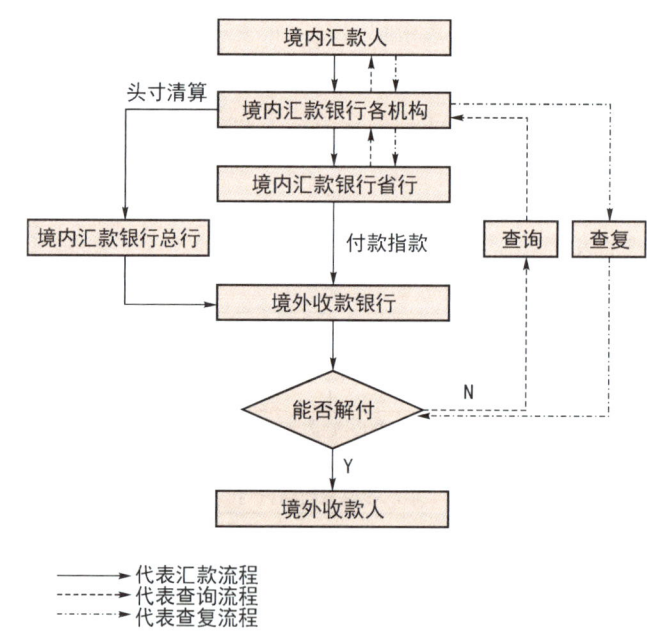

图 11-4 汇出境外汇款业务流程图

3. 查询查复

关于个人国际汇款业务流程图的分析,本文以中国银行的“环球汇兑一日通”为案例进行讲解,查询查复能够确保用户在信息完善且真实的情况下,在最短时间内完成汇款。而如客户填写的汇款信息不完善或错误,或是汇款内容涉及美国 OFAC 和欧盟制裁名单内容,那么汇款则不能成功解付;在汇出境外汇款过程中,如果境外行不能成功解付,查询人员就要以电讯方式发出查询报文,与海外银行交流协商之后,协助客户成功汇款。所以,查询复查业务会对汇款解付效率产生重要影响。

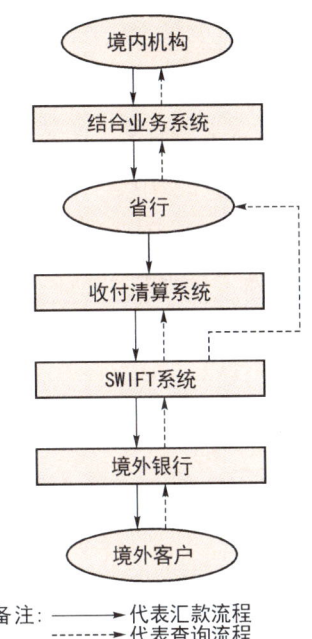

备注: ——→ 代表汇款流程
- - - → 代表查询流程

图 11-5 个人国际汇款查询查复业务流程图

4. 退汇

汇出行的退汇手续:汇款人填写申请书,填写退汇原因,有需要时提供保证;汇出行对申请书进行核实;汇出行给汇入行发出退回头寸通知;汇入行收到退汇通知书和头寸,核实无误之后将将款项退回汇款人。

汇入行退汇手续:对退汇通知印鉴进行审查,核查汇款是否付款成功,如果汇款已经解付,收款人签署的汇款收条就要退回给汇入行,说明汇款已解付;如果汇款没有解付,那么就要求退回头寸、汇款委托书或是汇票。

5. 汇票挂失

若汇票丢失,那么就要第一时间携带本人身份证及汇款回单,在原出票银行填写书面挂失申请。

四、境外汇款法规提示

1. 交易主体、金额要求

(1) 外汇储蓄账户汇出款项,境内个人当日汇款 5 万美元以下(含 5 万美元)的,客户需持身份证件在银行办理汇款,5 万美元以上的,还需提交经常项目项下有交易额的真实性凭证;境外个人凭本人有效身份证件办理,不限金额。

(2) 持有外币现钞汇出时,境内个人当日金额在 1 万美元以下(含 1 万美元)的,需本人持身份证件到银行汇款,达到 1 万美元以上的,客户还需要持凭证、海关签署盖章的《中华人民共和国海关进境旅客行李物品申报单》或是款项提取凭据到银行办理。境外个人当日金额在 1 万美元以下(含 1 万美元)的,需本人持身份证件到银行进行办理,达到 1 万美元以上的,还要上交海关签署盖章的《中华人民共和国海关进境旅客行李物品申报单》或客户原来存款银行的外币现钞取款凭证。

2. 超额汇款所需的凭证

(1)留学:已经办理好的留学国家和地区的有效入境签证,包括护照港澳通行证等;境外学校录取通知书,以及留学学校开具的费用通知单。

(2)境外就医:已经办理好的就医国家和地区的有效证件,包括护照和港澳通行证等;就医国家地区的医院证明,包括医生意见以及医院接收证明和收费通知。

(3)缴纳国际学术团体的会员费:需要提供学术组织的有关证明。

▶全额到账产品是中行整合海内外分行与代理行服务,率先向客户提供在收取固定清算费用后有条件地将汇款本金全额汇达收款人的服务。共推出美元、澳大利亚元、欧元三种币种的全额到账产品,具备币种丰富和渠道便利的优势,全面满足各类客户的个性化需求。

▶西联汇款业务是中国银行与西联汇款公司联合推出的一项个人国际汇款业务。只需 10 分钟,无需银行账号,就能完成境内外汇款。具备快速、方便、可靠、简单的特色。

图 11-6　全额到账产品与西联汇款业务

五、中国银行境外汇款业务特色

1. 汇款网络覆盖广

金融服务范围广泛,囊括全国各地以及国外 41 个国家,已经建立代理行关系的国家和地区分别有 179 个和 1 600 多个,使得汇款范围更广,汇款服务更加便捷。

2. 汇款币种丰富

柜台服务类型也日趋丰富化,提供的电汇与票汇服务类型多达 18 种,主要有美元、英镑、欧元、港币、新加坡元、日元、加拿大元、澳大利亚元、瑞士法郎、瑞典克朗、丹麦克朗、挪威克朗、澳门元、新西兰元、泰国铢、南非兰特、俄罗斯卢布、马来西亚林吉特。

3. 汇款安全便捷

用户可根据对金额、用途与时效性等方面的需求来选择电汇和票汇这两种服务类型,还新增加了"全额到账服务",提前锁定与预收中转费用,从而保障汇款本金能够成功转到收款人账户,如今,货币类型主要有美元、欧元、澳元和日元这几种类型。

六、境外汇款办理流程

1. 汇款

步骤一:到柜台填写《国际汇款申请书》;

所填内容包含:

① 汇款货币及金额。

② 收款人姓名及地址。

③ 收款人在开户银行的账号。

④ 收款人开户银行名称、SWIFT 代码或地址。

票汇所需信息包括:

① 汇款货币及金额。

② 收款人姓名及地址。

步骤二:用户支付汇款本金与手续费;

步骤三:打印《国际汇款申请书》,客户签字盖章,留下联系方式;

步骤四:收取收款人汇款回单,汇款步骤完成。可邮寄票汇或是自行携带出境。

2. 查询

若收款人没有在时效期内收到款项,可持本人身份证、汇款回单、收费凭证到原汇出柜台查询了解情况。

ICBC 中国工商银行　　**境 外 汇 款 申 请 书**
APPLICATION FOR FUNDS TRANSFERS (OVERSEAS)

致：
TO:

日　期
Date

□ 电汇 T/T　□ 票汇 D/D　□ 信汇 M/T　发电等级 Priority　□ 普通 Normal　□ 加急 Urgent

申 报 号 码　BOP Reporting No.

20	银行业务编号 Bank Transac. Ref.No	收电行／付款行 Receiver/Drawn on
32A	汇款币种及金额 Currency & Interbank Settlement Amount	金 额 大 写 Amount in Words
其中	现汇金额 Amount in FX	账号 Account No./Credit Card No.
	购汇金额 Amount of Purchase	账号 Account No./Credit Card No.
	其他金额 Amount of Others	账号 Account No./Credit Card No.

50a　汇款人名称及地址 Remitter's Name & Address

□ 对公 组织机构代码 Unit Code □□□□□□□□-□　□ 对私　个人身份证件号码 Individual ID NO.
□ 中国居民个人 Resident Individual　□ 中国非居民个人 Non Resident Individual

54/56a　收款银行之代理行名称及地址 Correspondent of Beneficiary's Bank Name & Address

57a　收款人开户银行名称及地址 Beneficiary's Bank Name & Address　收款人开户银行在其代理行账号 Bene's Bank A/C No.

59a　收款人名称及地址 Beneficiary's Name & Address　收款人账号 Bene's A/C No.

70　汇款附言 Remittance Information　只限 140 个字位 Not Exceeding 140 Characters

71A　国内外费用承担 All Bank's Charges If Any Are To Be Borne By
□ 汇款人 OUR　□ 收款人 BEN　□ 共同 SHA

收款人常驻国家(地区)名称及代码 Resident Country/Region Name & Code

请选择：□ 预付货款 Advance Payment　□ 货到付款 Payment Against Delivery　□ 退款 Refund　□ 其他 Others

交易编码 BOP Transac. Code □□□□□□　相应币种及金额 Currency & Amount　交易附言 Transac. Remark

本笔款项是否为保税货物项下付款　□ 是　□ 否　合同号　　发票号

外汇局批件号/备案表号/业务编号

银行专用栏 For Bank Use Only	申 请 人 签 章 Applicant's Signature	银 行 签 章 Bank's Signature
购汇汇率 Rate @	请按贵行背页所列条款代办以上汇款并进行申报 Please Effect The Upwards Remittance, Subject To The Conditions Overleaf:	
等值人民币 RMB Equivalent		
手续费 Commission		
电报费 Cable Charges		
合计 Total Charges		
支付费用方式 In Payment of the Remittance　□ 现金 by Cash　□ 支票 by Check　□ 账户 from Account	申请人姓名 Name of Applicant 电话 Phone No.	核准人签字 Authorized Person 日期 Date
核印 Sig. Ver.	经办 Maker	复核 Checker

填写前请仔细阅读各联背面条款及填报说明
Please read the conditions and instructions overleaf before filling in this application.

第一联 银行留存联

东港股份有限公司承制 电话：(0531)88904590

图 11-7　境外汇款申请书

3. 退汇

汇款过程中,客户如果改变主意可申请办理退款。若选择电汇方式汇款,款项转到收款人账户之前,客户可持本人身份证、汇款回单、收费凭证等证件来进行退汇;若款项已经转到收款人账户,那就要在获得收款人同意之后才能办理退汇。若选择票汇汇款,客户要持本人身份证、汇票正本、汇款回单、收费凭证到柜台办理退汇。

4. 汇票挂失

若丢失汇票,则需客户持身份证、汇款回单等证件在原出票银行填写书面挂失申请。

复习思考题

1. 境外汇款结算涉及的主体包括哪些?
2. 中国银行境外汇款业务特色是什么?

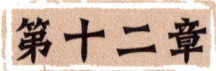

存 款 证 明

1. 存款证明书是获得审查机关审批的个人自行进行经济担保的银行证明。

2. 银行开设存款证明书的基本程序：申请、受理、签发。

唐先生经商多年，几年下来已有一笔积蓄，在其所在地区信誉较高。如今，某大企业在唐先生所在地招募特约代理商，唐先生有意与这家企业谈代理，经过一番打听得知，这家企业谈代理基本的要求在于代理商的资信情况。唐先生的朋友对此告知，唐先生便持所有的本、外币及凭证式国债到开户银行办理了存款证明，想通过这个方式来获得这家企业的信任，这样唐先生就获得了代理资格。之后，唐先生感慨存款证明的重要性。

存款证明是存款人用以证明自身财产状况的书面证明，由存款所在行开具。存款证明的作用在于，证明存款人某个时点或时期在银行的存款金额；证明存款人在开户行所持金额，以及在某个点之前不可取出的金额。

如今，开具存款证明都是为了经商、出国留学、移民等目的。存款证明的办理流程简化，只需要持银行存折和本人身份证，支付几十元费用，就可以在所开户行开具存款证明。人们可以持有的人民币存款存款额开具存款证明；大部分外币存款可按照用户的需求，根据币种当日人民银行公布的汇率来进行换算,换算成另外币种来作为存款证明中的金额;款项在不同营业网点存入,但各个营业网点同属于一家支行和分行,都可以将所有款项开具在存款证明当中;银行在开具存款证明的同时,也会对用户账户进行冻结,冻结时间通常是三个月,客户也可以选择冻结时间,最长期限是一年之内,冻结最短时间是一日,在冻结期间,客户不能提取存款,如果紧急情况需提取存款,客户要提供申请书,办理撤销存款证明手续。

当前,不管是出外求学还是旅行,在办理签证过程中,大部分国家都要求提供存款证明。存款证明的目的是了解签证人是否有能力完成行程。在办理存款证明的过程中,不能贪图网络平台的方便或便宜,而是要选择正确的办理途径,同时了解相关的流程与规范。

图 12-1　个人存款证明

一、存款证明书

存款证明书(Certificate of Deposits)是获得审查机关审批的个人自行经济担保的银行证明。银行根据个人客户申请,以其在银行的个人金融资产为依据开具的证明其金融资产状况的业务。证明存款人的存款情况以及在一定时间段中的存款发生额,还要证明用户在以后的存款余额。个人存款证明不能用来进行银行经济担保,不可进行转让、抵押和担保,也不可用来办理付款业务。存款证明只可用于办理外出求学、旅行、移民、经商、就业等业务,而不作其他用途。

二、银行出具存款证明书的基本程序及相关管理规定

可以用来开具存款证明的类型包括:本、外币定期储蓄存款,储蓄存款

涉及类型繁多,有整存整取、通知存款、定活两便、零存整取、存本取息、教育储蓄、定期一本通等。而本、外币活期储蓄存款则分为普通活期与活期一本通这两种。申请的步骤如下:

(1)申请:申请人填写一式三联存款证明申请书,提供个人金融资产权利凭证、有关出国资料(如入学通知书等)原件及本人有效身份证件等,代办时要提供代办人的身份证件。

(2)受理:银行经办人员审核客户有效身份证件及个人金融资产权利凭证是否真实有效;客户填写的资料是否完整准确;签注审查意见,和相关资料上交给审批人。

(3)签发:有权审批人审批完成之后,银行经办人员办理开立《存款证明书》一式两联,在《存款证明书》第一联(正本)上加盖"存款证明专用章"。在存单/存折加盖"已开立存款证明书,三个月不得支取"戳记,对存款或部分存款金额作冻结处理,注明冻结时间、冻结期限、开立份数等要素。收取手续费后将申请人有效身份证件原件、个人金融资产权利凭证、收费回单、《个人存款证明》等一并交予申请人。存折是银行开具的符合法律要求、有效的储蓄存折,存款人持存折到银行办理相关业务。存折如果存在挂失、失效、止付、冻结的情况,该存折就不具有存款证明的功能;存款证明开具之后,申请人在3个月内不能提取该笔款项,如果在3个月之内提取,那就要交回存款证明。

三、谨防"假存款证明"

当前,不管是出外求学还是旅行,在办理签证过程中,大部分国家都要求签证人提供存款证明。存款证明可以用来了解签证人的财政状况,是否有能力完成行程。在办理存款证明的过程中,我们不能贪图网络平台的方便或便宜,而是要选择正确的办理途径,了解相关的流程与规范。

市民李女士在前几日代收了快递,打开包裹发现了一张20万人民币的银行存款证明。让李女士帮代收的朋友人在加拿大,他告诉袁女士,这份20万存款证明是网购而来,以用来作为开店证明。留学生小陈也爆料称,在办理出国留学过程中,也用过仿造的存款证明来申请签证。小陈说,他开始是签证美国,但因为美国所花费用较高,他人告知可网购存款证明,小陈听信后,网购了一张假的存款证明,却正是因为这张仿造的存款证明,美国拒绝了小陈的申请。在旅行社上班的李经理告知,在其旅行社办理出境游的很多客户当中,也有出现过使用仿造的存款证明的情况。部分仿造的存款证明极易被看出来,但有些仿得较为真实,在申请时也就通过了。其实制作银行存款证明收费并不高,律师称,仿造存款证明来办理申请要冒很大的风险,仿造存款证明的相关人员也涉嫌违法,也要承担一定的法律责任。很多国家很重视公民的信用,对于诚信问题也制定了较为严苛的条例予以惩戒。所以,使用假的存款证明申请办理被发现之后不仅会被拒签,也会留下污点。仿造情况发现两次之后也会被纳入征信黑名单,将会失去申请资格;若使用假的存款证明成功通过申请,如果被发现申请资料是仿造的,也会被遣送回原国。因此,有办理需求的公民应按照规定流程办理申请,防止出现被拒、遣送回国,或是要承担一定的刑事责任的情况。

图 12-2　存款证明

四、中国银行存款证明业务

可开具存款证明的类型包括:

(1) 本、外币定期储蓄存款,主要有整存整取、通知存款、定活两便、零存整取、存本取息、教育储蓄、定期一本通等。

(2) 本、外币活期储蓄存款,包括:普通活期、活期一本通。

服务特色有:

(1) 可开具存款证明的产品品种丰富,包括本、外币活期、定期储蓄存款、凭证式国债。

(2) 可开具存款证明的网点范围较广。

服务流程：

（1）客户可持我行签发的有效通存通兑存款凭证及本人有效身份证件，在我行营业网点申请办理。

（2）客户可线上预约线下办理，预约成功后可凭证件、存单（折）及本人有效身份证件到网点直接领取，免去填单等待时间。

图 12-3　存款证明费用

五、存款证明温馨提示

银行会按照用户实际存入的币种和金额开具存款证明，不支持将币种换算成另外币种来开具证明的情况。开具存款证明之前要将账户冻结，存款证明有效期和冻结存款期限是一样的，客户可选择冻结的时限，最短时限是一天,也就是开具存款证明的当天。

(1) 在冻结期限到期之前,客户如需提前解冻,需要向银行提交申请,并交回全部存款证明。

(2) 若客户需要延长存款期限,就需要到银行再次提交申请书,银行重新开具存款证明,客户也要支付一定的手续费。

(3) 存款证明只能用于证明存款人的财产情况,不可用于转让和抵押。

复习思考题

1. 可开具存款证明的种类有哪些? 存款证明的用途是什么?

2. 日常生活中,如何谨防"假存款证明"?

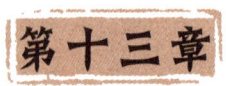

第十三章

个 人 保 证 金

知识要点

1. 个人保证金是指存入银行等金融机构的各种保证金性质的存款。

2. 一般发生于公司之间的商业活动的保证金有预付款类型的保证金、租赁保证金、装修保证金、定金类型的保证金、保有返还请求权的保证金。

生活金融案例

金先生参加旅行社组织的出境旅游,旅行社提出要求金先生在旅游团款之外,再交纳每人8万元的出境游保证金。金先生按照旅行社的要求交纳了保证金,但保证金汇入业务员个人账户中,当时金先生问业务员,为何不汇入旅行社的账户中,业务员的回答是,汇入公司账户也可以,但返还时程序很多,会比较麻烦。回国后,金先生催促业务员退还保证金,业务员往往是顾左右而言他,经过金先生多次讨要和投诉,总算在一年之后拿到了业务员退还的保证金。

案例分析

本案例说明在出境游保证金管理中存在诸多问题。出境游保证金直接汇入业务员个人账户保证金就有可能被挪用,旅行者的合法利益得不到保障。有鉴于此,作为旅行者要重视出境游保证金书面协议的签订,不能仅仅只是达成"君子协定",不重视保证金书面协议,用口头协议代替书面协议,要仔细查看出境游保证金协议内容,如保证金收取的数额、时间、形式、交纳地点和退还时间。针对出境游保证金收取等事宜,国家旅游局制定了一系列文件进行规范,要求各旅行社要利用银行参与的资金托管方式来收取出境游保证金,不能采用现金、现金转账等方式来收取,也不能要求客户直接将保证金转入旅行社工作人员账户。旅游消费者若出现保证金不能如期退还的问题,要通过法律途径保障自身利益。

出境旅游的时候,旅行者可能会遇到要求交纳保证金的情况,交纳的保证金是可以拿回来的。同样,为判断留学生能否在留学期间有足够的生活、学习等经费,一些国家也要求留学生将留学期间所花费用存在银行,那么出境旅游保证金、出国留学保证金要如何办理,是旅游者和留学者所要关心的问题。

> 中国银行上海市分行与具有合法资质的旅行社合作,为客户提供出国旅游保证金第三方专业托管服务。

> 资金利用效率更高效,一笔资金两种用途。

图 13-1 旅游保证金第三方专业托管服务

个人保证金是指用于核算存入银行等金融机构各种保证金性质的存款。一般发生于公司之间的商业活动的保证金类型有预付款类型的保证金、租赁保证金、装修保证金、定金类型的保证金、保有返还请求权的保证金等。我们这里谈到的出国金融通常都会关系到个人保证金,包括出国旅游保证金与出国留学保证金等。

出国旅游保证金

出国游一般是需要交纳保证金。

按照已有旅游合同条款的要求,旅行社如果出现自行将游客分团、脱团,或是滞留在境外,超过期限没有回国等情况,旅行社则需要承担一定的法律责任,所以,旅行社有权按照游客的现实需要收取一定的保证金,而关于保证金的标准、收取方式、退换方式等事宜则要通过双方来进行协商。合同中如果规定有详细的时间,违约方则要承担相应的责任。如果合同中没有具体规定的,通过双方协商交流没有达成共识的,可向旅游局提交投诉,或是按照相关法律要求予以处理。

当前,签证国家通常是依据滞留率来进行判断,比如欧美、澳洲、日本等西方国家,滞留率较高,因而收取的押金也较高。而游客滞留在发展中国家的概率较低,相应的押金收取也较低。同时也会根据个人资料来进行判断,若游客曾经有出境游,那么对该游客收取的押金也会较低,或是不收;若游客是第一次出境旅游,或是个人资料存在疑虑,那也会根据实际情况来多收。相关人员指出,保证金收取多少要根据目的地国使馆的要求来决定,同时收取保证金也是为了确保旅行社的利益。签证国主要考虑的是游客的滞留问题,在送签过程中,旅行社要向签证处提供一定的防范对策。从旅行社角度考虑,收取押金是保障旅行社利益的最佳方式。押金为3～10万,甚至更多,通常3万或是5万是最为普遍的。比如一家三口去澳洲旅游,旅游费用是人均1万,每人押金则要收取5万元,一共需要支付的费用就是18万元,通常能够支付20万元的游客,在国内的收入水平较高。

出国留学保证金

留学海外的学子在出国前会遇到缴纳保证金的问题,大多数人或许心存疑惑,其实缴纳保证金是有一定道理的。对于留学生而言,留学费用是一个很大的问题,留学生必须有足够的经济能力来支持自己的留学生活。特别是欧美一些主流国家的学校,留学费用是比较昂贵的,所以学校或者是签证办理都需要留学生提供留学保证金证明。通常而言,学生国外留学期限与签证国平均学费、生活费用是决定保证金金额的主要因素,目的地使馆在判断留学生材料时,评估内容除了学生的学习背景、成绩和留学目的,还会了解该学生的家庭收入水平,目的是了解留学生是否能在国外正常学习生活。所以,使馆人员也会将资金担保作为评估的重要要素。

1. 出国留学保证金的交付方式

学生可通过信用卡、汇票、电汇等方式来支付留学保证金,将信用卡卡号交予学校,学校从信用卡中划走款项;也可选择汇票支付的方式;电汇查询需要较长的时间,成本也较高,所以很少有学生会选择这种方式。资金转账要注意各项细节,学生应到权威银行进行办理。证明书与原证书具有同等效力。

2. 保证金的准备及退还

留学生要提前准备好留学的担保金,当前有很多国家对留学家庭银行存款金额和存款时间要求都较高,各个国家的规定都有所差异,一般是有 3 个月、半年和一年等。所以,有留学需求的人员应提前对留学国家进行充分的了解,在此基础上去办理存款证明。办理好各项签证后,留学人员要持本人护照、签证正本、人民币保证金回执单到银行办理退还人民币保证金。如果没有通过签证或是因由不出国,需要本人持人民币保证金回执单到银行办理人民币保证金退还手续。

复习思考题

1. 什么是个人保证金,它的类型有哪些?
2. 交纳出国旅游保证金需要注意的地方有哪些?
3. 出国留学保证金的支付方式、准备及退还的处理。

第十四章

出 境 消 费

1. 各国（地区）都有自己的法定流通货币，出境前需向银行等机构购汇，也就是我们通常说的兑换外币。

2. 国际信用卡是指带有 VISA/MASTER/AE/JCB 四大国际信用卡组织标识的信用卡。

3. 随着手机支付的盛行，越来越多的境外商家开始支持手机支付，目前比较流行的支付方式有 PayPal、微信和支付宝。

生活金融案例

中老年人正成为出境游的主力军

国家旅游局直属研究机构中国旅游研究院、携程旅游集团联合发布的《中国游客中国名片，消费升级品质旅游——2017 年中国出境旅游大数据报告》上显示，在中国护照的含金量大幅提升、收入增长和旅游消费升级推动等因素影响下,2017 年中国公民出境旅游突破 1.3 亿人次,人均出国保持世界第一大出境旅游客源国地。2017 年我国国际旅游支出达 1 152.9 亿美元,同比增长 5％,2017 年出境游人均旅游费用达到 5 800 元,同比增长 7％。享受海外优质生活环境、观光、购物是出境游的主要目的。

案例分析

　　相比年轻人,中老年人的经济实力和消费能力其实更强。但随着 E 时代的到来、国际信用卡的普及、新的支付方式的兴起,对大部分年轻人群体来说,极大提高了消费效率,刷新了消费观念,然而,对于"智能"相对脱轨的中老年群体来说,他们与这样的现代消费方式格格不入,未来随着手机移动支付无现金交易方式的日益普及,新旧技术的交替,尤其是在语言不通的境外,中老年朋友该如何应对、化解消费尴尬处境?(一般我们所说的境外,是指流通使用非人民币的国家或地区,包括我国的香港特别行政区、澳门特别行政区及台湾省。)

一、携带外币现金

　　各国(地区)都有自己的法定流通货币,所以要向银行等机构购汇,也就是我们通常说的兑换外币。但因为携带现金安全性差,我们不建议旅客随身携带大额现金进行长途旅行。目前,我国的外汇管制政策规定,每位境内公民每年可以使用人民币进行购汇的额度最多为五万美元的等值外币,结汇也有五万美元的限额,因此在银行进行外币兑换都须凭居民身份证。而且携带大额外币出境时,需要向海关申报,我国海关规定随身携带 5 000 美元以上出境的,必须持有银行开具的外币携带证,但也只可携带 10 000 美元等值外币。很多国家对于入境携带大额现金也需要申报,比如美国海关规定持有 10 000 美元以上入境时需要申报,但只是申报而已,并非需要缴税。但如果故意隐瞒则可能导致罚款甚至被没收。另外有一些小币种货币境内无处可兑换,旅客只能带国际通用货币(美元)前往当地兑换。兑换点一般标注的名称为 EXCHANGE。

王阿姨和老伴带着 10 岁的孙子去马来西亚表妹家探亲旅游,出门前因为老夫妇两人没有信用卡,也不会用手机支付等功能,所以一定要儿子

帮忙兑换好外汇,这样他们才比较放心。但是中国银行没有马来西亚令吉现钞的兑换服务,所以王阿姨的儿子只能从银行兑换 1 000 美元的现金,让老夫妇俩到马来西亚境内再去兑换。老夫妻俩和孙子到达吉隆坡机场后,在机场的兑换点先兑换了 100 美元,机场兑换点是 1 美元兑换 3.45 令吉。然后到了表妹家,在表妹的引导下找到了一家兑换点 1 美元兑换 3.54 令吉,这样核算下来比机场省了将近 3%。

用国际通用货币也需要提前做好准备,这样就能节省不必要的费用。当地不同兑换点的兑换汇率也不同,不是万不得已不建议在机场兑换,因为机场兑换要缴纳比银行更高的手续费。在当地兑换货币时除了需要比较不同兑换点的兑换汇率,还要考虑兑换点的安全性,一般不推荐一些非官方兑换货币的小店,尽量前往当地的银行等货币机构进行兑换。

二、银联卡支付

我国的中老年人最喜欢用现金,但是随身携带现金是有风险的,这一点引得外国小偷专挑中国人下手,然而信用卡就可以规避这个风险。

中国银联紧随中国人民的脚步,网络已经覆盖到了七大洲的 140 多个国家和地区。一般国人去得比较多的国家和地区基本都支持银联支付,甚至

刷银联卡还有许多优惠政策,银联信用卡消费的好处是消费后直接以人民币记账,还款只需还人民币即可,非常便捷。具体信息可以查询中国银联网站,可能有的国家支持银联卡 ATM 但不支持银联卡 POS。

值得注意的是。若没有银联信用卡,直接刷银联借记卡是否可行,理论上讲是可以的,但首先这张借记卡内要有足够的存款,另外有些借记卡上会标有"只限中国境内使用"的字样,可能会被境外的商家拒绝使用。另外像美国大多数商家消费支付时无需输入密码,只需签名确认交易即可,而事实上借记卡并不支持签名交易,所以建议出国还是办个信用卡比较好。境外商家刷卡过程中,可能会比境内更认真核对卡片背面的签名,要求出示本人护照,所以不要使用他人的卡进行消费,以免引起不必要的麻烦。

中国银行跨境一卡通是中行为留学人员量身定制的专属借记卡,可与长城卓隽卡(信用卡)配套使用,把跨境一卡通作为长城卓隽卡的指定还款账户,两卡优势互补,共同满足留学家庭的境内外用卡需求。

针对出国留学特点,支持以下功能和服务:

√传统的账户管理,支付结算,投资理财等金融功能
√支持多种外币兑换
√跨境汇款
√支持多种货币消费
√代理开户见证
√个人留学贷款
√开通网上银行,手机银行
√中银快付
√快捷支付(含银联在线)
√绑定微信支付

图 14-1　中国银行跨境一卡通

吴阿姨和几个老同学一起去美国旅游,临行前,吴阿姨的女儿怕吴阿姨在美国购物时由于携带现金不够,将自己的信用卡交给吴阿姨,关照吴阿姨必要时候再使用。在美国的行程中有一天是去拉斯维加斯的 Outlet 工厂店购物,吴阿姨看中了一款包包,标价为 1 500 美元,由于携带的现金并不多,吴阿姨生怕使用完现金后身上没有钱心里没有安全感,随后拿出女儿的银联信用卡,指着卡上的银联 Union Pay 图标,收银员美国姑娘要求查看吴阿姨的护照,发现信用卡姓名和护照姓名不一致,要求吴阿姨使用其他卡或者现金支付。最后吴阿姨的老同学李阿姨先用自己的银联信用卡帮吴阿姨买了单。与此同时李阿姨的手机收到一条消费短信,"【××银行】您尾号××

××的信用卡×月×日消费人民币 10 258.24 元"。经过此事,吴阿姨说回家一定让女儿帮忙办一张银联信用卡。

从上面的案例中可以看出,境外商家比境内更认真核对签名,虽然吴阿姨最后也很顺利地完成了购物,但是如果遇到一些严苛的商家,认为是盗用别人的卡片报警就麻烦了。如果自己没有信用卡或无法申请到信用卡,让有信用卡的家人给你申请一张附属卡也是不错的选择。另外,从案例中我们可以获知李阿姨用的银联信用卡,消费后都是直接以人民币记账,吴阿姨回国后只需按当天入账的人民币消费额归还李阿姨即可,无须再计算汇率,非常简便。

三、国际信用卡支付

国际信用卡是带有 VISA/MASTER/JCB/AE 四大国际信用卡组织标识的信用卡。若持有国内的信用卡在境外刷卡消费的话,会因为币种不同而产生货币转换费的问题,因此使用起来很不划算。

银联网络虽然覆盖广,但总是还有一些国家没普及银联网络,就算国人去得多的地方也不是全面普及了银联网络,哪怕是在香港也会遇到不支持银联消费的商家,这时备有一张国际信用卡是很有必要的。

只要您所持有的信用卡上有图 14-2 中四大国际信用卡组织标识的,就可以在境外刷卡消费。VISA/MASTER 分别是国际信用卡组织的老大和老二,所以去那些银联不能用的地方适合使用这两种,AE 和 JCB 那里也未必能用。一般商家都同时接受 VISA 和 MASTER 卡,但也有说法是亚太地区 VISA 覆盖率好于 MASTER,而欧美地区 MASTER 好于 VISA,所以有条件的话,建议两种卡都带上。此外 AE 在美国覆盖较好,去美国可以带上,JCB 是日本公司,去日本可以考虑带上。

图 14-2　四大国际信用卡组织

但是用 VISA/MASTER 卡目前麻烦的一个问题是这类卡片大都是美元卡,消费非美元时会收取一个货币转换费,从 1.2% 到 2% 不等。这个收费也是导致广大中国游客怕被银行收手续费从而使用现金的原因之一。而消费美元时则没有货币转换费,因此,如果有条件可以申请一张全币种信用卡。另外值得了解的是,我们在国内办的许多信用卡上大多同时会标有VISA/MASTER和银联两个标识,当您在境外消费时,只要境外商家支持银联支付,请特别告知收银员使用银联支付,否则一般都默认VISA/MASTER支付。

四、微信、支付宝和 PayPal 支付

随着手机支付的盛行,越来越多的境外商家开始支持手机支付,在国外比较流行的支付方式就是 PayPal,当然随着越来越多的国人到境外消费,中国的微信、支付宝支付也在慢慢地成为一种支付手段,当然手机支付虽然普及率没有前面几种支付方式高,但是随着智能手机的不断发展,手机支付成为主流是一种必然的趋势。

图 14-3　微信与支付宝

据了解,在境外支持支付宝和微信支付的商家消费和在国内消费一样便捷,且目前支付宝和微信还在发展阶段,国内的这两大公司还在给予许多优惠政策,鼓励国人在境外消费使用手机支付。

刘女士"十一"去了泰国清迈,她惊喜地发现,在泰国芭提雅,餐饮店、礼品店、住宿店贴着支付宝和微信的二维码。拿出手机扫一扫,不仅解决了拿现金的麻烦,而且汇率还有优惠。同时,她在清迈购物时发现,扫微信二维码会跳出泰国版界面,只要输入实付的泰铢金额,就会自动兑换成人民币。

随着跨境业务开展,目前微信、支付宝支付已支持美元、英镑、日元、泰铢等外币的直接结算,同时在海外推出了相关支付旗舰店,让更多中国用户可以在境外直接使用微信支付消费。案例中的石女士感叹:"现在到亚洲国家旅游,不带现金只带手机出门也成为可能,这在几年前还没有这么便利。"另外,在长假期间不少境外商家为中国游客推出"支付宝价",中国游客只要

通过支付宝付款,即可享受这一专属价格。

五、电子旅行支票

电子旅行支票是专门为境外消费人群设计的一种可以反复充值的支付产品,一般有美元、欧元、英镑和港币等币别。出国前先将换好的外汇充值入卡内,出境后可在境外刷卡消费,或者在境外的 ATM 柜员机上直接提领当地现钞。

电子旅行支票与信用卡相比有以下优势:

第一,办理方便。即买即得,不需要客户任何信用记录,它适用于出国旅游人员、留学人员、海外购物的客户等。

第二,安全性佳。电子旅行支票的安全性值得称赞。例如,万事达所发行的电子旅行支票,在遗失或者被盗时可以电话挂失,因其不与银行账户相关联,无须开立银行账户,不用担心因丢失卡片所导致的银行账户信息泄漏。同时,也没有信用卡的年费一说。

第三,大额消费不限制。电子旅行支票的功能类似于充值预付卡,在国内充值后即可在境外刷卡。对于每张电子旅行支票,根据外汇管理政策要求,每人在 50 000 美元年度兑换额度内可进行即时充值。

复习思考题

1. 最常用的境外支付方式有哪些?

2. 根据我国目前实行外汇管制政策,每位中国境内公民每年最多可以购汇多少美元的等值外币?另外中国公民出境时携带多少美元的等值外币是要向海关申报的?

3. 境外使用银联信用卡进行支付需注意哪几点?

4. 什么是国际信用卡?国际信用卡在境外支付的结算方式与银联信用卡支付的结算方式有什么区别?

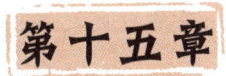

海　　淘

知识要点

　　海淘利用互联网搜索购物网站的海外商品销售信息,将需要购买的海外商品放入网站购物车,当选购结束进行结算时,通过信用卡、支付宝、PayPal等支付方式完成付款,最后由海外购物网站通过国际快递发货,或是由转运公司代收货物再转运回国。

生活金融案例

海淘"不差钱"

　　亚马逊中国发布2016跨境网购趋势报告显示,海外购活跃用户数量大幅增长。2016年12月,亚马逊海外购活跃用户数量是2014年发布之初的23倍。数据显示,近八成的亚马逊中国跨境消费者年龄集中在35岁以下。九成以上的亚马逊消费者拥有大学及以上学历,月收入5 000元以上的消费者占比则由2015年的53%提高到了62%,提高近10个百分点。跨境网购从偶尔为之的尝鲜之举逐渐成为生活常态。有意思的是,不仅仅是年轻人爱海淘,老年人也逐渐加入了跨境网购阵营。在"单笔花费在5 000元以上"这一维度中,60岁以上的消费者占比最高。

案例分析

随着跨国互联网代购这一新商业模式的井喷式发展,海淘也随之在国内急剧升温,越来越多的中国人开始加入海淘大军,成为海淘一族,其中不乏有许多中老年朋友。虽然海淘已成为时下境外购物的最轻松、最方便、最经济、最快捷的方式,不用购买者花费高昂的机票及路费就能购买到自己心仪的商品,但海淘仍有许多值得读者了解和关注的内容。

一、海淘

海淘顾名思义就是海外购物,又称境外购物,即利用互联网搜索购物网站的海外商品销售信息,将需要购买的海外商品放入网站购物车,当选购结束进行结算时,通过信用卡、支付宝、PayPal等支付方式完成付款,最终由海外购物网站通过国际快递发货,或是由转运公司代收货物再转寄回国。

二、海淘的形式

就目前而言,海淘从购物流程上来讲,主要可以分为三种形式,第一是传统转运模式,需要将海外电商的货物通过第三方转运公司代收然后由该公司负责运送到国内;第二种是海外直邮直购模式,海外电商直接将海外商品寄往中国境内;第三种是国内跨境电商代购模式,主要指国内电商从国外仓库或国内的保税区仓库发货给购买者,由于跨境电商也需要经过海关清关等入境过程,所以也划分到海淘。

1. 传统转运模式

某些海淘的商品不支持直接邮寄到中国,这时需要找一个能提供当地收货地址的转运公司。然后海外商家负责将货品送到转运地点,转运公司负责把海外商品运到中国消费者的手中。

优点:可选择的商品种类多很多,毕竟只有很少国外购物网提供直发,有些能直发的网站费用很高;其邮递速度有保证且可跟踪;较之直发,转运比较便宜。

缺点:需要使用一些变通手段避开消费税;周期长;若运输出现问题(如丢货情况),不好交涉。

简单来说,传统转运模式的海淘流程如下:

第一步,需要先在跨境的海外购物网站上注册;

第二步,注册转运公司,获得自己的海外转运仓库地址;

第三步,登录海外购物网站,将需要购买的商品加入购物车;

第四步,选购完毕后,确认商品的数量及金额,然后 checkout;

第五步,输入上述第二步中获得的转运公司所提供的代收地址和收货人名;

第六步,完成付款,可使用信用卡、支付宝、微信、PayPal 等支付方式;

第七步,在收到海外购物网站的扣款短信后,海外购物网站即发货;

第八步,转运公司代收仓库收到包裹后,支付转运费并提交转运回国内的发货指令,转运公司发货后,一般情况下 7~15 天后可达购买者手中。

2. 海外直邮直购模式

海外直邮直购模式的海淘网站接受中国的信用卡、第三方支付方式付款并支持直接邮寄到中国。

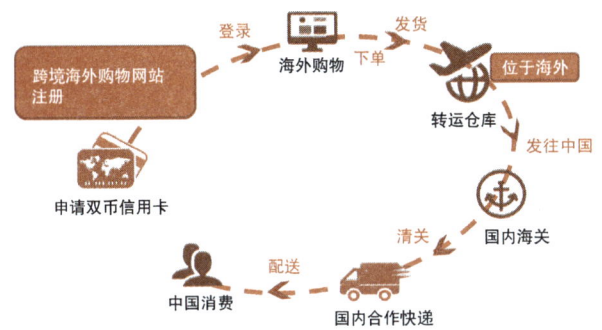

图 15-1　海淘转运模式

优势:简单方便;万一丢单、破损可以直接跟购物网站交涉补发。另外,欧洲淘的直发优势尤为明显,因为欧洲的商品都需要加收 17% 增值税(即消费税),如果选择海外直发,则不用付增值税,根据经验,对于一般物品,省下的增值税基本可以抵消国际运费;但如果选择转运的方式运到本国,所交的增值税不退,而且还要自己再付转运费。

劣势:支持直发的海外购物网站很少;运费贵。

3. 跨境电商模式

这种模式是近两年才新兴起来的,增长非常迅速,简化了许多海淘的中间环节,吸引了许多没有海淘经验的购买者。

优势:简单方便,大大缩短了过境商品的通关时间。跨境电商免去了中间商的作用,自然也就减少了中间环节的成本,越过一些国外渠道直接面对当地消费者,也就意味着,消费者可以购买到更加经济实惠的境外商品。

劣势:消费者无法直观地判断商品的来源渠道,存有顾虑。

三、风险提示

第一,语言障碍。海外的购物网站大多数都是外语的界面,如果外语不好,相比在国内电商平台网购来说就困难得多,哪怕用自带翻译软件的浏览器来登录购物网站,也不能准确地翻译各种产品细节,由此跨境电商的出现给海淘带来了新的机遇。

第二,国际配送周期长且相对于国内配送风险大,各环节物流快递的服务质量参差不齐;另外,转运行业没有规范的企业规定,转运公司关闭等情况屡见不鲜,且无处投诉。

第三,消费者使用中国发行的信用卡没有拒付权,也不被大多数海外网店接受。

第四,物流、信息流、资金流运作过程中有任何问题,则需打国际长途用英语与各方沟通,因此国际邮件风险较高;退换货也不方便。

第五,网络支付不安全。所有消费过的信用卡资料均由国外网店保管,国外信用卡支付系统交易无须密码,传输过程中可能在各环节信息被泄露,因此近年来国人信用卡被盗刷的事情时有发生。确保网络环境安全、电脑中没有任何潜藏木马病毒尤为重要。

第六,目前许多转运公司通常并非真正的具有通关资源的国际物流渠道商,而是中介。这些转运公司通常不以电商返点为主要收入来源,而是靠隐性中介费来获取盈利,比专业代购收费高。

第七,各个国家政策变动频繁,且越来越多的国家意识到海淘这种行为模式冲击了本土国民的生活质量,政策上的谨慎就给海外消费者带来潜在的风险和困扰,如澳洲奶粉出口政策的收紧等。

复习思考题

1. 什么是海淘?海淘有哪几种形式?
2. 海淘付款的方式有哪些?

第十六章

退 税

知识要点

1. 购物退税是指对境外游客在退税定点商店购买的随身携运出境的退税物品,按规定退增值税和消费税的政策。

2. 购物退税和免税不同,退税退的是增值税和消费税,仅仅适用于外国游客,而免税免的是进口关税,只要是出境的人不分国籍都可以享受这个福利。

3. 退税的方式有现金退税、信用卡退税、支付宝退税、旅行支票。

英文　　　　中文

图 16-1　退税标志

4. 出国购物可以使用支付宝办理退税,税金最快 7 个工作日到账,效率比传统信用卡退税方式提高 5 倍以上。

生活金融案例

现在欧洲逐渐成为中国游客重要的旅游目的地之一,除了景致好外,购物退税是游客对欧洲趋之若鹜的一个主要原因。很多游客都认为欧洲机场的退税管理规范、诚信可靠。不过,去欧洲购物办理退税是有窍门的,不了解退税规则可能会影响顺利退税,一位中国游客遭遇退税未果的失败经历值得借鉴。这位游客去意大利旅游,购买自己人生中第一个 LV 包和一件 Burberry 风衣,价值不菲。去机场前,她就认真地填好了退税单据,可她却忘记了导游的提示,没有将新买的 LV 包随手放在身边,而是装进了同行者的行李箱。

当天,她碰到了一位表情严肃的退税官。由于语言的障碍,当退税官两次表示需要出示 LV 包时,她没有听懂。第三次,当她听懂并从同行者的行李箱中翻出 LV 包时,退税官却认为这不是她买的包。无论她如何解释,这位退税官就是坚持认为这不是他买的包,不予办理退税手续。就这样她失去了 100 多欧元退税机会。更加遗憾的是,因为她的据理力争,退税官觉得自己受到冒犯,随后就关闭了退税办理窗口,让排在队伍后面的游客受到影响而无法办理退税。

案例分析

购物退税是指对境外游客在退税定点商店购买的随身携运出境的退税物品,按规定退增值税和消费税的政策。

在欧洲国家,政府对个人办理退税业务,有严苛的要求,比如单据得填好、所有购买的商品必须随身携带以便抽查等。要想成功退税,游客必须严格按照它的要求办。当退税官盖章表示允许退税后,由退税公司的工作人员在机场负责退税金额计算和发放。欧洲可以办理退税的公司有很多,其中最有名气的有两家:Global Blue 和 Premier Tax Free。此外还有很多不知名的小退税公司,一些当地的小零售商会倾向于加入这类公司。有的小零售商在卖东西时,给的就是这种小退税公司的单据,有时候甚至连单据都不给全,出境旅游的游客最后压根拿不到退税。因此,去欧洲购物要退税得选大公司,退税手续要一步步仔细备齐。

一、购物退税与免税的区别

购物退税和免税不同,退税退的是增值税和消费税,仅仅适用于非本国居民(就是外国游客),而免税免的是进口关税,只要是出境的人不分国籍都可以享受这个福利。购物退税制度起源于 20 世纪 80 年代初的瑞典,目前,日本、韩国、新加坡、泰国、澳大利亚、欧盟主要成员国等世界上 50 多个国家和地区都实行购物退税的制度。在实行购物退税制度的国家中,并不是所有的商品都可以退税,一般情况下,只有在有 Tax Refund、Tax Free Shopping、VAT Refund 这样标志的商家购买的常规商品,比如服装、化妆品、电子产品、工艺品等能够携带出境的物品能够退税。而免税店一般是安检之后,有"Duty Free"标志的商店。需要提醒的是,游客买的免税品都会用透明的密封塑料袋包装,在到达目的地之前不得启封使用。在机场免税店和购物退税店的选择上,一般而言,烟酒、化妆品等关税高的在免税店购买更合算;服装、箱包、打折商品等关税低以及品种多的在市内退税购买更合算。

二、购物退税的方式

(1) 直接现金退税:这种方式能够当场拿到现金,但是需要花费较长的时间排队办理,由于退的是当地货币,换成本国货币还要考虑汇率和手续费。

(2) 使用信用卡退税:这种方式最为简便,在海关盖章之后将退税单邮寄即可,不需要排队领取现金。这种方式的缺点是需要1～3个月退税才能到账,等待的过程比较漫长。如果选择信用卡退税,最好对购物单据和回邮信封进行拍照留存,这样如果没有及时收到退款,便于与退税公司交涉处理。

(3) 使用支付宝退税:支付宝在国内普及的同时,也在积极拓展海外业务。海外退税服务业务就是其中的一种,而且其覆盖的地区正在逐步扩大。支付宝退税非常省心方便,可以实现人民币退税,现场办理即可,无须后续手续,收取3%～5%的货币转换费。支付宝退税一般10～15个工作日到账。由于是国内公司,退税发生问题交涉起来也比较方便。目前,该服务已率先覆盖日本、韩国、英国、法国、意大利、德国和韩国的退税合作商户,其他国家和地区的商户也在陆续加入。

三、退税的注意事项

(1) 境外购物时要尽量选择大型商场,方便凑足退税起点金额,另外有些品牌在专卖店不能办理退税,但在商场内可以办理退税;

(2) 境外购物时能在商场办理退税就不要等离境时再退。因为如果购物数量比较多,而机场退税人又会很多时,会既麻烦又费时;

(3) 境外购物要遵守海关对于出境物品的规定,不能带离的物品一经发现会被予以没收;

（4）保管好购物小票、刷卡凭条和退税单，保持免税品在离境前未使用或者未拆封；

（5）在机场办理退税时要随身携带退税品，如果不符合随身行李标准，可咨询值机柜台的工作人员。

四、热门旅行地退税攻略

1. 日本

日本退税功略见表16-1。

表 16-1　日本退税攻略

退税人群	持旅游签证短期访日的游客以及持短期商务签证、逗留时间不超过 90 天的人，入境时海关会在护照上贴上"短期滞留"的小标签。游客购买的免税商品必须在购买后 30 天内带出日本。
退税商品	对于家电、服饰、包具等传统免税项目，游客在免税店每次消费达到 1 万日元可以申请退税；对于食品、饮料、特产、药品、化妆品等消耗品，每人每家免税店每次消费 5 000～50 万日元可以退税。退税金额为日本消费税全额。
购物地点	在带有"Japan Tax Free Shop"标识的店家购买金额以及购买商品的种类符合上述要求可以退税。
退税地点	通常在规模较大的商场、百货公司的收银台可直接办理退税。
退税流程	购物后在收银台出示护照原件以及购物发票，填写一式三份的退税申请表，包括护照号码、本国地址、消费金额、退税金额等，在购买者誓约书上面签字，就可以进行退税。办好后将单子夹到护照中，离境时海关会再核对收走退税单。

2. 韩国

韩国退税攻略见表16-2。

表 16-2　韩国退税攻略

退税人群	持旅游签证在韩国停留不超过 6 个月的外国游客。所购买的免税商品需在 3 个月内带出韩国。
退税商品	购物退税主要适用于商城购物,在退税店一次消费达到 30 000 韩元可申请退税。酒店、餐饮,租车等其他服务不可退税。
购物地点	韩国有两个主要退税体系:环球蓝联退税(Global Blue Tax Free)以及全球退税(Global Tax Free)。其他还有 Easy Tax Refund、Easy Tax Free 等。只要到带有这些标志的商店购物都可以在离境时办理退税。需要提醒的是,每个退税体系是独立的,退税手续不能交叉。
退税地点	游客可以选择在首尔市区或者韩国各国际机场办理退税。
退税材料	购物商铺开出的"Tax Refund"退税单、购物发票原件、退税商品、登机牌或电子机票。若在首尔市区退税,还需要信用卡。
退税流程	◆ 首尔市区办理退税 　　在首尔市区退税比较适合行程较紧,离境时在机场停留时间较短的游客。具体步骤如下:购物达到指定金额后,索取并填写退税单;到退税点出示退税单、护照和信用卡,获得退税现金。工作人员会从信用卡中刷一笔与获得的退税金额相同的暂时结算,游客携带退税物品到机场,经海关检查托运行李并递交相关单据后,在检查柜台旁边进行托运,上述的暂时结算收费将被退回。 ◆ 国际机场办理退税 　　在机场办理登机手续时,告知工作人员有退税物品需要盖章,不在此托运行李,工作人员挂上行李托运条、换好登机牌后取回行李。将购物的收据以及退税单交给海关人员盖章,确保所有单据都盖好章;在海关退税柜台旁边托运行李,待行李通过 X 光检查离开。通过安检后到退税公司的柜台,将退税单据拿给服务人员,获得退税现金。如果离境机场没有对应公司的退税柜台,则在退税单据反面将信用卡号码填写清楚并签名,用信封装好,过关后投放到对应公司的退税公司的专用邮筒;退税公司收到信封清算后将款项汇入信用卡账户上,货币为韩元。不收取手续费,但邮费需在退税金额内扣除。
其他问题	1. 当前 Global Tax Free、Global Blue Tax Free 以及 Easy Tax Free 等退税公司都在特定的机场开设退税自动柜员机,按步骤在海关退税柜台旁托运好行李后,可以在退税自动柜员机处先刷护照以及条形码;过海关后,到领取现金的自动柜员机刷护照领取现金。 2. 此外,Global Blue Tax Free、Global Tax Free 以及 East Tax Refund 等退税公司都支持支付宝接收退税款。只要在退税单或者退税信封上找到 Alipay,并填写支付宝账户绑定的手机号码,投入专用退税邮筒,就可以收到人民币退税。

3. 泰国

泰国退税攻略见表 16-3。

表 16-3　泰国退税攻略

退税人群	持旅游签证在泰国旅游并且停留不超过 180 天;乘坐国际航空公司航班入境;在购买商品 60 天以内将物品带出泰国。
退税商品	游客在退税店一次消费达到 2 000 泰铢可申请退税,但政府设定的禁品、易燃易爆品、宝石等不予退税。
购物地点	在带有 VAT Refund for Tourists 标识的商店购物才能申请退税。
退税金额	采用阶梯式退税制度,购物金额越多,退税比例越高,但最多不超过 7%。
退税地点	1. 游客可以在曼谷素万那普国际机场、曼谷廊曼国际机场、清迈国际机场、普吉岛国际机场、合艾国际机场、乌塔保国际机场、甲米国际机场以及苏梅岛国际机场办理退税。 2. 带有"VAT Refund for Tourist"标识的商店或者购物中心可在商店或者购物中心退税柜台办理退税。
退税材料	护照或者复印件、退税单、同天的购物收据以及刷卡凭条。
退税流程	1. 游客在同一天到带有指定标识的同一商店购物满 2 000 泰铢,向商店的工作人员或者商场的客服中心出示护照或者复印件,索取 P. P. 10 表格填写,并保留相应的小票以及刷卡凭条。 2. 到达机场后,在离境大堂找到退税海关办公室(VAT Refund Office),出示护照、发票等,请海关检查购买的物品,并在 P. P. 10 表格上盖章。 3. 办理行李托运手续,并通过边检,到达机场免税购物区的退税办公室,出示护照、发票以及已由海关盖章的退税单。如购买超过 10 000 泰铢的奢侈品,需出示奢侈品实物,游客应随手携带奢侈品以备检查。 4. 退税时可以选择领取退还现金或者退到信用卡。如果退款少于三万泰铢,可直接领取现金;超过三万泰铢,只能采取汇票或信用卡方式领取。
其他问题	一般退税柜台排队的游客较多,耗时常常超过半小时,游客应尽早前往退税柜台办理,以免延误行程。

4. 中国台湾

中国台湾退税攻略见表 16-4。

表 16-4　中国台湾退税攻略

退税人群	自购物之日起 30 天内离开台湾地区的境外游客。
退税商品	同一天内在同一 TRS 店家购买 3 000 元新台币以上的商品,如果选择在店内退税,同一天累计的退税金额需要少于 1 000 元(含税购物金额约新台币 21 000 元)。
购物地点	标有"Authorized Cash Tax Refunds-TRS"退税标志的商店。
退税地点	1. 在购物的店内直接申请小额退税。 2. 到机场"海关外籍旅客退税服务台"即可申请退税。

（续表）

退税流程	◆ 在商场退税：游客在商场购物，在每个柜台付款都要索取统一发票收执联，购物完成后将发票整理好到商场指定的退税柜台办理退税； ◆ 离境时在海关退税：在带有退税标志的商店购物结账时告知店员需要到机场办理退税，并出示入台证；店员开具发票收执联、退税明细申请表；离境时在海关退税服务台出示入台证、购买的物品、发票以及退税明细申请表；海关查验后，会将退税明细核定单交给游客，游客持着核定单到指定柜台领取退税款项；退税办理完毕后托运行李。
其他问题	1. 游客选择在机场退税，一般要预留 3 小时以上的时间，用于办理退税和托运行李，以免延误登机。 2. 在中国台湾办理退税必须是最终离开中国台湾前往其他国家或地区，在中国台湾境内由一个市到另外一城市是不能办理退税的。

5. 新加坡

新加坡退税攻略见表 16-5。

表 16-5　新加坡退税攻略

退税人群	境外游客，且年满 16 岁，在购物成交日之前的 24 个月内，在新加坡居住不超过 365 天；在购物成交日之前的 6 个月内，未曾在新加坡工作；如果持有学生证，必须在证件到期前 4 个月内购买商品，且在携带商品离境后在新加坡境外至少停留 12 个月；必须是从樟宜机场或实里达机场离境；在购买之日算起两个月内申请退税。
退税商品	在购买的时候被征收消费税的商品，都可以申请退税。用于商业或货运目的的出口商品、服务类商品，如住宿、租车、娱乐及旅行团费除外。
购物地点	在贴有"退税"标识的商家或者同一店铺消费满 100 元新元以上可申请退税。符合条件的游客可以享受 7% 的离境退税，但是将扣除一定的退税手续费。
退税地点	游客可以在特定商家、樟宜机场或实里达机场办理退税。
退税流程	◆ 使用游客电子退税计划（ETRS）退税票申请退税 1. 在 ETRS 下属商家消费，并在消费时使用同一张信用卡，作为退税凭证，并保管好 ETRS 票据以及原始发票或收据； 2. 到达机场后，在 ETRS 自助服务台，使用消费的信用卡或者 ETRS 票据作为消费明细的检索凭证，按照 ETRS 自助服务台的提示申请退税。 3. 在海关检查处，海关工作人员可能会要求旅行者出示消费品。 4. 退还的款项会直接返还到信用卡，游客不需要办理其他手续。 ◆ 使用退税申请表退税 游客在某些尚未进入 ETRS 的商家消费，需要按照以下步骤办理退税： 1. 消费后向商家索取退税申请表，填写完整并签字，保存好原始发票和申请表。 2. 到达机场后，前往海关出示退税表和购买的商品，让海关工作人员检查盖章。 3. 如果游客的退税表来自 Global Blue 或者 Premier Tax Free，在海关检查盖章后，到候机中转大厅的中央退税处领取退回的现金。 4. 如果退税表由商家自行制订的，需要在海关检查盖章后将表格投放到机场指定的邮箱中，由相应的商家办理。

6. 欧洲国家退税攻略

一般欧洲旅行会途径多个国家,退税政策既有交集,又有差异,在这里需要将不同欧洲国家的退税放在一起介绍,见表16-6。

表16-6 欧洲国家退税攻略

退税人群	持非欧盟成员国护照,有效期在6个月以内的短期申根签证或过境签证,包含旅游签证、探亲签证以及其他短期申根签证。
退税商品和地点	在贴有退税标志(Tax Free Shopping, Premier Tax Free, Tax Refund)的商店购物超过一定金额即可向商家索要、填写退税单,在机场办理退税。有些购物中心可现场办理退税,如法国老佛爷百货,巴黎春天,意大利折扣村 The Mall 等。
退税常见问题	申请退税的物品有金额上的限制吗? 一般在同一商店购买商品超过155欧元以上可以申请退税。如果不足规定金额,可以考虑与他人合并开单结账,获得退税资格。一般退税金额在1 000欧元以内可以选择退现金,但超过1 000欧,就只能退到信用卡上了。另外,开退税单时要准备好护照。
	如果去多个欧洲国家旅游购物,应该选择在哪里退税? 在欧洲旅游一般会在多个国家购物,并不需要在每一个购过物国家都办理一次退税,如果购物的都是欧盟国家,那么在最后一个出境国一次性办理退税就可以了。
	在欧盟成员国与非欧盟成员国之间进出时如何办理退税? 在欧盟国家购物,只要途径国都是欧盟国家,退税手续只需在最后一个出境国统一办理即可。 如果去的国家之一不是欧盟国,还能最后一起退税吗?
	去欧洲旅游很多人都会到瑞士,但瑞士虽是申根国却不是欧盟国,所以在瑞士购物离境时需要单独退税。与瑞士相反,英国不是申根国却是欧盟国,因此在英国购物可以在任意离境欧盟国家办理退税。
	办理退税一般要提前多久到达机场? 退税最早可以在登机前5小时办理。一般国际航班需要提前3小时到机场办理登机,若预留1小时办理退税,则需提前4小时到达机场。
	退现金和退信用卡选择哪个更合算? 选择退现金和信用卡各有优缺点。退现金可以直接拿到退税,让人比较踏实,但往往有手续费,且在现场耗时较长。退信用卡比较便捷,在海关盖好章,填好信用卡信息,装入退税信封,投入退税点旁的相应退税公司的邮筒即可,但缺点就是时间太长,往往需要2~3个月才能退到指定卡上。
	退税有时间限制吗? 退税商品离境的时间必须在三个月以内,且退税单必须在购物后的六个月内寄回。
	在境外来不及退税,回国退税可否办理? 如果因为种种原因来不及在出境前办理退税,可以在海关盖好退税章,到国内机场的退税点办理退税,可以直接退人民币。欧洲各大退税公司在北京、上海、广州、香港的机场都有退税点。如果在机场也没来得及,有的退税公司在国内各大城市也设有分点。

（续表）

退税流程	◆ 在商店退税 　　在带有退税标志的商店内购物,消费金额达到退税额度时,向店家索要退税单并按要求填写信息。退税单商家会保留一份,另外两份由消费者出境时连同商品一并出示海关人员。填写退税单时,消费者可自行选择退税的方法,可以选择退现金,也可以选择退回到指定的信用卡账号中。把退税单和护照一起保存,方便在离境时办理退税手续。 ◆ 在机场退税 　　游客在抵达机场前要准备好护照、机票行程单、退税单、购物小票、退税商品。在海关验货盖章后,根据购物时选择的退税方式在机场办理退税。如果选择的是现金退税,则到机场现金退税柜台办理。一般每张退税单收取 3 欧元左右的服务费。考虑到机场退税人比较多,在机场要预留有半小时以上的时间办理海关盖章和退税。如果选择的是信用卡退税,出境时将海关盖章的退税单装入商店提供的专用信封,并投入机场的相应公司的退税邮箱或回国后寄挂号信。在 3 个月内,退税金额将会转入指定账户。为便于日后查询和证明之用,可以将单据拍照留存。

7. 澳大利亚退税攻略

澳大利亚退税攻略见表 6-7。

表 6-17　澳大利亚退税攻略

退税条件	游客在登有 GST 的单一商店消费超过 300 澳元(不要求同一天),就可以在离境时申请退税(The Tourist Refunds Schenme, TRS)。
退税材料	1. 购买的退税物品 2. 商店开的退税发票 3. 护照和出境的航班登机证
退税流程	下载 TRS(Tourist Refund Scheme)中文 APP,进入填写护照号码、发票号、发票日期和金额、退税账户,最后生成一个叫作 QR 代码的实践退税二维码,也就是你的 TRS 申请代码,直接到机场的退税处进行扫码,出示购买的物品即可。

8. 加拿大和美国购物退税

相比亚洲和欧洲国家,加拿大和美国在购物退税方面比较特殊,其中加拿大没有退税政策,美国也只有极个别的州有退税政策。尽管如此,相比在国内购买进口商品,在加拿大和美国购买相应的商品也非常有价格优势。这里就美国的退税政策稍作介绍。美国购物缴纳的税由两个部分组成,一是联邦政府对进出口商品征收的关税,在机场免税店购物免的就是关税,这项税率根据商品和商品生产地有所不同,所以在美国免税店购买美国自产的知名品牌化妆品、皮包等由于免去了关税,比较划算。但美国有很多折扣店,很多类别的商品价格比免税店更有优势。游客可比较不同类别的商品,选择在免税店还是折扣店购物。二是各州征收的销售税,销售税由美国各州政府自行征收,目前只有得克萨斯州、路易斯安那州的机场退税点,可以凭护照、往返美国 90 天内的机票申请退税。

复习思考题

1. 您注意过在境外购物退的税一般是消费税还是关税吗?

2. 境外购物如何选择机场、专卖店、商场等购物地点?

3. 办理购物退税一般要提供哪些材料,有什么注意事项?

4. 你知道不同境外旅游目的地分别有什么退税优惠力度大的商品?

5. 您在境外购物时接触过哪些退税方式? 如何进行选择?

6. 不同的国家和地区退税政策有所不同,请结合您的经历谈一谈。

第五篇

诈骗防范篇

【导语】 随着我国改革开放的深入进行,社会主义市场经济的建立和完善,使得金融、证券行业发挥越来越重要的作用,为了适应社会主义市场经济的需求,各种金融、信贷、证券机构应运而生。金融机构成为社会经济生活稳定器的同时,围绕金融活动的各种经济犯罪也在不断增加,严重地扰乱了我国的金融秩序,阻碍国民经济的发展,其危害十分严重。因此,必须重视金融诈骗罪的预防。网络、手机、电视已经成为人们获取信息的重要工具之一,为人们提供了很多方便,包括购票、购物、出行,但是,我们也要清醒地看到一个问题,就是利用网络、手机和电视进行诈骗的行为增多,扰乱了市场秩序,使消费者遭到损失。

本篇将会就真假币识别、常见骗术案例与针对各类诈骗该如何应对防范这三方面展开,希望通过这些内容使大家在今后生活中避免被骗并且能远离骗局。

第十七章

真假币识别

知识要点

1. 第五套人民币防伪特征。
2. 2015 版人民币设计调整。
3. 日常生活中真假人民币辨别。

为适应经济发展和市场货币流通的要求,1999 年 10 月 1 日,在中华人民共和国建国 50 周年之际,中国人民银行陆续发行第五套人民币(1999 年版)。第五套人民币共有 1 元、5 元、10 元、20 元、50 元、100 元 6 种面额,其中 1 元有纸币、硬币 2 种。第五套人民币继承了中国印制技术的传统经验,借鉴了国外钞票设计的先进技术,在防伪性能和适应货币处理现代化方面有了较大提高。各面额货币正面均采用毛泽东主席建国初期的头像,底衬采用了中国著名花卉图案,背面主景图案通过选用有代表性的富有民族特色的图案,充分表现了中国悠久的历史和壮丽的山河,弘扬了中国伟大的民族文化。第五套人民币取消第四套人民币里的 1 角,2 角,5 角和 2 元纸币。

一、第五套人民币防伪特征

(一)水印

第五套人民币的 5 种纸币都含有水印,100 元和 50 元券的水印图案是立体感很强的毛泽东头像;20 元券是一朵荷花;10 元券是月季花和数字"10"两处水印图案;5 元券是水仙花和数字"5"两处水印图案。

(二)安全线

第五套人民币的 5 种纸币均采用了安全线技术,100 元和 50 元采用了磁性缩微文字安全线;20 元券采用了带有磁性且明暗相间的安全线;10 元券和 5 元券均采用了全息磁性开窗式安全线。

（三）阴阳互补对印

阴阳互补对印大部分是运用在 100 元、50 元和 10 券正面的左下方和背面右下方,图案是圆形局部形状,向光看时,可看到两幅图是对接在一起的,组合起来形成一个古钱币图案。假币的图案则是不对称的,或是重叠在一起的。

（四）隐形面额数字

第五套人民币隐形面额数字是在钞票正面的右上方。迎光观察,把钞票放在和眼睛平行的地方,按 45 度或 90 度旋转,可观察到隐形面额数字。

二、2015 版人民币设计调整与 2005 版区别（100 元面值为例）

2015 年 11 月 12 日起,中国人民银行发行 2015 年版第五套人民币 100 元纸币。这一年出版的人民币保留了 2005 年版第五套人民币 100 元纸币的规格、正背面主图案、主色调、"中国人民银行"行名、国徽、盲文和汉语拼音行名、民族文字等,仅是对一些图案进行了调整,对整体防伪性能进行了提升。

（一）正面设计调整

2015 年版第五套人民币 100 元纸币正面取消右侧凹印手感线,取消右上角隐形面额数字,取消左下角光变油墨面额数字,增加中部光彩光变数字,增加右侧光镂空开窗安全线,增加右侧竖号码,右上角面额数字由横排改为竖排,数字中央做了调整,中央团花颜色和线纹结构进行了调整,胶印对印图案和位置调整。

（二）背面设计调整

2015 年版第五套人民币 100 元纸币背面取消右侧全息磁性开窗安全线,取消右下角防复印标记,减少左右两侧边部胶印图纹,适当留白,调整胶印对印图案和位置,下方面额数字颜色和线纹进行了适当调整,局部装饰图案由蓝红相间调整为紫红相间,右上角和左上角面额数字样式做了调整,年号由"2005 年"调整为"2015 年"。

三、辨别真假人民币

真假币对比:

水印:100元真币水印是立体形状的,纸条较为清晰,而假币的票面正、背两面都是淡黄色油墨印刷上去的,垂直看时可在正背面观察到淡黄色毛泽东头像印刷图案;向光观察,固定人像水印较为模糊,图案也没有立体感。

安全线:50元假币的安全线印刷在票面正面表面,向光观察可透视,安全线不清晰;安全线文字也不清晰,甚至有些假币没有缩微文字。部分假币夹层中间会有一条线,但不是安全线,上下部位露头,裁剪不平整,极易抽出来。

在日常生活中,通常人们通过:眼看、手摸、耳听、仪器检测来辨别真假人民币。

(1) 看:向光查看人民币水印、红蓝彩色纤维、阴阳互补对印图案与安全线;旋转看光变油墨和面额数字。

(2) 摸:摸票面凹凸的位置。真币凹凸感较强,假币相对光滑,没有凹凸感,部分假币也会以涂抹胶水来代替,以模仿凹凸感。

(3) 听:在空中抖动或是轻弹钞票,可以通过钞票发出的声音来辨别,真币较为坚韧,发出的声音清脆,而假币声音低沉。

(4) 测:利用仪器来检查人民币缩微文字,以及荧光反应和磁信号,假币大部分都没有荧光纤维,没有荧光图案,或虽然有图案,但是颜色是偏淡或偏浓,亮度也不高。

随着2015年版第五套人民币100元纸币问世,公众也可以关注其防伪特性,主要涉及以下几个特征:光变镂空开窗安全线:过渡时为"金黄色",宽4 mm,镂空100字样呈正反交错排列;光彩光变数字:垂直看"金黄色",平时"绿色",过渡时"亮光带";人像水印与2005版比较立体感更强;胶印对印图案;横竖双号码;白水印;雕刻凹印;双色横号码。公众也可以通过其他专业防伪特性来增强辨别真假币的识别能力。

复习思考题

1. 第五套人民币的防伪特征是什么,2015年版第五套人民币100元纸币在哪些方面提高了整体防伪性?

2. 在日常生活中,怎样来辨别真假人民币?

第十八章

常 见 骗 术

知识要点

1. 银行卡安全防范措施。
2. 电信安全防范措施。
3. 网络安全防范措施。

生活金融案例

余 额 宝 诈 骗

没有将账号密码外泄,但是却被盗刷了 2 500 元。

余额宝是与支付宝绑定在一起的金融产品,因为投资方便且难度小,收益相对较高,因而很多用户都将资金转入,这也成为不良人士看中的特点。

2013 年 11 月 26 日,林女士在淘宝网店购买产品,在付款过程中弹出余额不足的提示,支付失败,这个时候林女士拨通了支付宝的客服电话,客服告诉林女士,其账号有多次转账记录,总共被转走的金额为 3 500 元,林女士知道后立即报警,警方问及林女士有何特别情况,都做了什么,林女士回忆说可能是在淘宝搞活动时点击了有病毒的链接,从而被盗窃了支付密码。而林女士的支付宝和余额宝绑定的账户是一样的,密码也相同,所以支付宝与余额宝资金之间可以转移。因为林女士安装了来路不明的杀毒软件,余额变动短信被软件所拦截下来,使得林女士没有及时收到短信通知。但幸运的是,林女士也发现了这一情况,也知道余额宝有保险,对此,林女士根据支付宝规定,上交了报案回执单、身份证正反面扫描件和银行卡卡号照片,支付宝在受理之后的三个工作日之内将其 3 500 元转回到其账户之内。

案例分析

　　将支付宝和余额宝绑定在一起,虽然支付时较为便利,危险性也较高,特别是在用于手机支付时,风险更高。此外,对于来路不明的链接、压缩包不要点进去,不然可能会中木马病毒,从而盗窃用户余额宝及支付宝账户内的款项。如果出现余额宝和支付宝账户内金额被盗走的情况,则需要及时联系客服并报案,保存网址等信息。

　　如今,金融消费与人们的日常生活紧密联系在一起,不管是购物还是理财,都需要银行的支持。人们在获得便捷的过程中,也要提防金融诈骗,互联网是诈骗最经常发生的领域,短信、手机、银行卡等诈骗案件发生率较高,类似事件经常发生。是不法分子诈骗的手段高明吗? 其实并不尽然。

　　本章主要列举银行诈骗、网络诈骗、电信诈骗常见骗术。

银行卡诈骗:假提示贴上 ATM 机,旧伎俩仍有人上当

　　今年 5 月,民警巡逻过程中发现一男子在存取款机面前做些可疑的动作,民警上前查看才发现该男子用胶水来破坏 ATM 出钞口。经了解才知道,这种情况一般出现在半夜或是凌晨,人员较少的时候,作案分子先用胶水封住出钞口,导致取款机不能正常出钞,之后便贴上一张温馨提示,人们进行取款操作不能出钞之后,看到温馨提示也就会根据上面的提示操作,从而落入骗子的圈套当中。

　　提醒:要提防存取款机旁边的可疑装置,注意插卡口和出钞口是否存在可疑情况,一旦出现吞卡或是不出钞的情况,要留在原地,按照所属银行的客服电话拨打过去详细说明情况。此外,要留心判断机器旁边的温馨提示和公告,要明确,银行、银联不会对持卡人提出向指定账户汇款的要求,要谨慎留意。取款之后,应保留交易凭据,不可随意丢弃。

银行卡诈骗

中国银行
BANK OF CHINA

市民陈女士一天听到朋友说可以通过中介办信用卡，便找到一家自称能帮办理高额信用卡的某公司，当场填写了一张信用卡申请表，工作单位填的是某中介公司，寄信地址也为某公司的地址，手机号码为某公司提供的号码，还把所有个人信息留在某公司。

一个月之后，陈先生询问某公司信用卡是否已寄到，某公司负责人称未曾收到，陈先生以为办卡未通过，于是就不再理会此事。过了半年之后，陈先生突然收到银行的催收信函，称其已在银行有信用卡欠款。

提醒：不要轻信办卡中介能办高额度卡，申办信用卡应该走银行的正规渠道申请

图 18-1　银行卡诈骗

银行卡安全防范措施

一、申办环节

（一）亲自申办

申办银行卡要通过可靠渠道申办，不要通过代办渠道办理。最好直接到银行柜面办理，或通过银行官网办理，至少也要委派自己绝对信得过的人办理。建议不要通过商场、超市摆摊设点的代办员办理，远离非法渠道。绝对不可以通过网络、报纸、小广告等所谓的"代办高额信用卡"非法渠道办理，一旦涉足，骗取高额费用、信息泄露、盗刷、出售、涉及洗钱等一系列麻烦将随之而来。

IC卡是集成电路卡（Integrated Circuit Card）的英文简称，也称之为智能卡、芯片卡等。将一个专用的集成电路芯片镶嵌于符合ISO7816或ISO14443标准的PVC（或ABS等）塑料基片中，封装成外形与磁卡类似的卡片形式，即制成一张IC卡。存储容量大、安全性高、可靠性高、应用领域广泛等。

图 18-2　什么是 IC 卡？

（二）使用芯片卡

用户应及早更换为芯片卡，金融 IC 卡是借助集成电路片（IC）技术，按照金融行业要求，能够进行消费信贷、转账结算业务的支付手段。金融 IC 卡自 20 世纪 80 年代中期在法国问世以来，逐步被应用于社会经济活动，比磁条卡更安全。

中国银行 BANK OF CHINA

□**金融IC卡的特性**
存储容量大、安全性高、可靠性高、应用领域广泛等。
□**金融IC借记卡与磁条借记卡比较**
1. 安全性更高
2. 增加非接触接口、脱机交贷功能
3. 受理领域广泛、行业合作发展潜力巨大
4. 一段时间内金融IC卡仍会带有磁条

图 18-3　金融 IC 卡特点

（三）开通短信提醒

开通银行卡余额变动短信提醒业务可以及时掌握余额变动情况，如出现盗刷，可立即采取挂失措施。各大商业银行一般仅收取 2～3 元的短信包月费用，可不要为了节省几元钱的短信费用，而造成数千元、上万元甚至更大的损失。手机号码变更，请及时通过客服热线告知银行，进行账户关联信息变更。

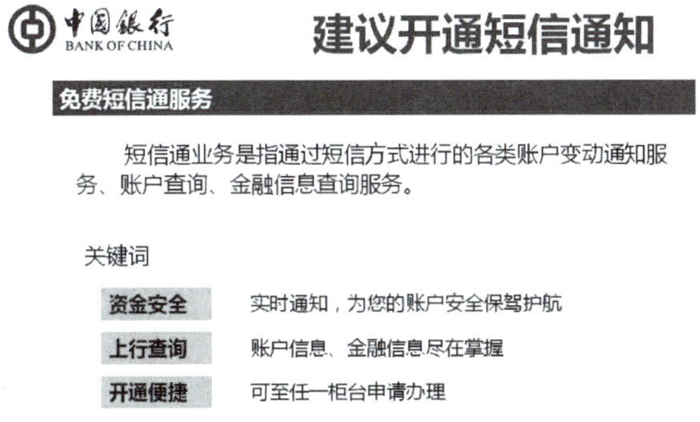

中国银行 BANK OF CHINA　　**建议开通短信通知**

免费短信通服务

短信通业务是指通过短信方式进行的各类账户变动通知服务、账户查询、金融信息查询服务。

关键词

资金安全	实时通知，为您的账户安全保驾护航
上行查询	账户信息、金融信息尽在掌握
开通便捷	可至任一柜台申请办理

图 18-4　短信通知

二、保管环节

(一) 重视身份证

办理业务需要身份证复印件时,应在复印件核心位置,标明用途,如"本身份证复印件仅用于 xxxx,再复印无效"等字样,使其无法通过复印方式被他人复制。

(二) 卡、证要分离

勿将银行卡与身份证放在一起。按照现行银行制度规定,他人凭其身份证、您的身份证、您的银行卡即可全权代理您的账户存款、取款、转账、挂失等事宜。如果不法分子利用假冒他人身份证代理您的账户,基本就无法追查。

(三) 重视 CVV2 码

CVV2 码又称信用卡安全码,是信用卡交易时的一个安全代码,通常是印刷在信用卡背面签名条最后的 3 位数。

三、使用环节

(一) 使用 ATM 机

使用前,检查周围环境,观察有无可疑人物等可疑现象,不要接受热心人的帮助。观察 ATM 机有无多余、可疑装置,特别是插卡口和出钞口,凡是 ATM 机外部张贴告示行为均视为诈骗。如发现可疑情况,不要使用该设备,并立即报警、拨打开户银行的客服热线。

(二) 使用 POS 机

刷卡前,确保银行卡背面自己已经签名。开通短信提醒功能,确保已开通银行卡余额变动提醒短信,随时掌握账户变动情况。刷卡过程中要随时关注银行卡,观察收银员刷卡动作和次数,防范可能存在的偷录磁条信息行为。输入密码时,注意用手完全遮挡住密码键盘,防范可能存在的偷窥密码行为。收银员提供签购单后,认真核对签购单日期、金额等信息。由于签购单系无碳复写,可能存在重复扣款等现象,签购单份数也需核对;在一般情况下,刷卡后,持卡人会立即收到银行信用卡客服热线发来的短信通知,也应对笔数、金额进行核对,核实无误后,再签名。

电信诈骗:钓鱼网站,手机银行短信诈骗

老王收到了"955"短信,短信内容说账户积分可以兑换现金,但要登录某某链接操作。老王看到是银行短信,并没有怀疑短信真假,便登录短信内的链接,按照提示进行操作,当天老王账户内的金额遭到盗窃。

随着互联网的高速发展,手机银行、网上银行都是便捷的操作方式,犯罪分子往往通过类似的"官方"号码混淆视线。在这种情况下,用户首先要认准银行官方网址,拨打银行官方客服热线确认真伪,妥善保管个人私密信息,不要点击不明链接,确保个人财产安全。

骗术一：

伪装成警察威胁受害人，声称受害人涉嫌违法。违法分子伪装成公检法工作人员联络受害人，声称受害人曾经提供银行账号给犯罪分子进行洗钱活动，并告知受害人的银行账户将要被冻结，这个时候就要求受害人立即将存款转入指定的账户当中，从而骗取受害人钱财。

骗术二：

伪装成受害人的亲友发生事故或是在医院急需用钱。骗子联系受害人，通过聊天套出受害人有什么人在外地，以及骗子所需要的信息。第二天，骗子再次拨打受害人电话，告知其亲友发生事故急需用钱，需要马上转账过来才能进行医治。

骗术三：

仿冒绑架受害人家人以骗取钱财。违法分子联系受害人，声称其家人已被绑架，需要将款项转入到某个账户当中，才能归还人质，为使受害人信任，犯罪分子将影片传送给受害人，受害人心急如焚，急忙将钱转出去。

骗术四：

仿冒电话欠费以骗取受害人钱财。骗子仿冒通信部门打电话给受害人，声称受害人身份证被盗且用其身份证开了电话卡，当前欠下大量话费，并告知受害人要向某公安局报案，之后骗子同伙便伪装成警察诱骗受害人，增加受害人的信任，要求受害人提供银行卡账号和密码，从而转走受害人卡上钱财。

骗术五：

冒充中奖骗取金钱。骗子以电话、短信等方式联系受害人，声称受害人中了某奖，要求受害人先缴纳税款等费用，同时也要求受害人提供账户等信息。

骗术六：

冒充银行汇款或是催还借款以骗取钱财。骗子以短信联系受害人，要求受害人将钱转到某银行某账户上，受害人以为真是某银行发过来的短信，随即将钱转到该账户，骗子成功骗到钱款。

电信安全防范措施

一、妥善保管个人信息

骗子通常假冒合法金融机构，例如冒充银行以系统升级、重新装置等为借口，要求收件人透露其个人资料，如银行账号、户名、密码、验证码等，或者要求被害人点击电邮内附的超级链接登录假冒网站，骗取受害人信息资料。

二、手机丢失安全防范措施

信息通信技术高速发展，移动互联网已进入"4G"时代！智能手机终端把每一个个体与世界连成一片，说是已经进入物联网时代也不为过！吃喝玩乐购、学习体验社交，智能手机终端几乎无所不能。手机丢失后，建议立即采取如下安全防范措施。

（1）立即致电运营商，挂失手机号。三大运营商客服电话是：中国电信1000、中国移动10086、中国联通10010。

（2）立即致电银行，冻结手机银行。常见银行电话是：工商银行95588、农业银行95599、中国银行95566、建设银行95533、交通银行95559、招商银行95555、中信银行95558、光大银行95595、民生银行95568、广发银行95508、浦发银行95528、华夏银行95577、农信社96669。

（3）绑定支付宝的，致电95188挂失。

（4）微信支付用户，登录110.q.com冻结账号，修改微博、微信、QQ等登录密码。

（5）到运营商营业网点，补办手机卡，作废原手机卡。

三、电信企业担当责任，守土有责

借助现代电信通信网络、现代金融汇兑网络的电信诈骗活动已经让人防不胜防、不胜其扰。电信企业应该有责任、有能力出台系统性的防范措施，以现代的技术手段更好地保障电信消费者的合法权益。

网络诈骗：高收益，一夜暴富美梦难实现

银行理财利润回报率 13％～15％可信吗？拆迁收到 80 多万的刘老太本想把钱存入银行，但听信了"银行理财"回报率高，她就拿出一部分买了"理财产品"，开始对方按期支付了高额利息，但当老太把 80 多万全买了理财产品后，理财公司就突然"蒸发"了。

许多网络理财平台会在影响力大的网站上投放极具诱惑力的广告，宣称利息高出银行数倍，投资周期短且灵活，其实这是骗子做的局，专门利用投资者赚钱心急的心理，以低成本高收益诱惑投资者投钱。投资者要头脑清楚，切忌被所谓的高回报率冲昏了头。

林女士因为含木马病毒的 APP 而导致账户被盗刷，林女士也声称在此同时没有收到交易验证短信和账户变动信息。银行工作人员经过了解之后才发现林女士当天实际上收到了很多条短信，林女士联系通信部门打印通信记录，了解到事发当时确实有多条短信发送到其手机上，但也在第一时间转发到另一个号码，这些短信中有交易验证码，也有账户变动提醒短信，然而林女士却全然不知。

使用手机、电脑过程中，对于可疑链接、压缩包、二维码等要提防，防止木马病毒侵入手机和电脑。在手机、电脑上安装有查杀病毒功能的软件，确保手机和电脑的安全。如果不注意点击了链接，则应第一时间请专业人士进行处理。

网络安全防范措施

一、使用安全的计算机操作涉及资金的交易，最好使用自己的计算机

使用计算机必须安装防火墙、杀毒软件，并定期更新。知名防病毒软件服务商一般都会提供网购保镖类服务。如使用办公室计算机，必须设置较为复杂的开机密码，以防他人登录。

二、使用正确的网址登录

用户要牢记常用开户银行网上银行网址，手动输入网址，或确认官方安装网站后，放在收藏夹里，从收藏夹中登录。不要通过其他网站链接书访问，更不要从他人通过各类社交工具推送的地址链接登录，以防范钓鱼网站风险。官方地址登录后转至支付网页时，网站前缀显示会更改为"https"，地址栏右侧或窗口右下角会出现安全锁控制图标，这个时候页面数据传输是加密进行的，以确保个人信息的安全性。若网站登录之后转到支付网页时，支付页面网址前缀也是"http：//"，那么很大可能就是犯罪分子制作的假网站，存在极大的风险。假冒网站通常会采用与合法的金融机构、知名电商十分相似的网址，或其网址载有该金融机构部分名称，或使用合法网站中文名称作为其域名，诱使受害者登录，骗取个人信息资料。查证真正网址 URL 方法：在网页上按下鼠标右键，查看"属性"，核对所显示的网址是否与网页上方相同。

三、熟知安全工具及辅助安全工具的使用方法

各家网上银行经过了安全营运测试，推出了很多安全工具。以农业银行为例，目前，网上银行安全工具（数字证书）包括 K 宝、K 令、K 码、动态口令卡等，适用于不同要求客户。另外，还有辅助安全工具，包括网银助手、安全控件、限额控制、消息服务、密

码锁定、安全认证手机号设置等。各家银行网站都有详细的介绍。消费者使用网上银行前,最好能进行较为全面、系统的学习,选择适合自己的安全工具,熟知安全工具及辅助安全工具的使用方法。

四、设置复杂登录密码

登录密码既要复杂又要易记。涉及资金交易的密码既要尽可能复杂,可以包含数字、字母和符号多个类型,但也要便于记忆。密码文件放置在任何地方都不安全,放在联网的终端如手机、计算机中更不安全,最好记在自己的大脑里。

复习思考题

1. 银行卡在申办、保管、使用方面的安全防范应注意哪些?

2. 常见的电信诈骗有哪些,如何做好电信安全防范措施?

3. 如何安全使用网络操作资金交易、网上银行等?

第十九章

防 范 应 对

知识要点

1. 网络金融防范措施。

2. 日常金融生活中的安全防范。

3. 金融安全防范案例及正确处理方式。

分析各种金融骗局可以知道,诈骗分子已经朝集团化方向发展,诈骗方式日趋专业化。特别是对于网络金融用户来说,更是要管好账号和密码,也就是要做到保管好"一卡、二码、三要素",牢记"四要三不要",从而防止金融诈骗事件发生。

一、网络金融防范对策

1)一卡

金融用户要确保自身银行卡和网银盾等信息的安全,不可将安全信息泄露给他人。

2)两码

两码主要指电子银行密码和短信验证码。设置密码时不可都设置同样的密码,在设置电子银行密码时要以数字+字母等组合。短信验证码为支付密码,不可将这些安全信息告知他人。

3)三要素

三要素指身份证号、账号、手机号码等私密信息要确保安全性,不可外泄他人。

4)三不要

(1)对于来历不明的电话号码、短信、电话银行服务等要持怀疑态度。

（2）对于中奖信息、话费返还等信息要持怀疑态度，谨防上当受骗。

（3）不可外泄关于个人的银行卡号、密码等信息，一般来说，银行、公安等权威机构都不会向用户索要上述信息。

4）四要

（1）强化安全观念，例如在密码设置时不可用生日等公开信息作为密码，尽量不在公共场所设置密码等；

（2）要核实网址的真实性，凭借银行专用电话和银行营业网点等具有权威性、安全性的方式查询；

（3）在使用电子银行转账、支付的过程中，要对收款账户、商户、金额等信息进行核对。随时关注账户变动，开通账户变动短信、微信提醒服务；

（4）要定期对手机、电脑扫描病毒，用于支付交易的手机和电脑要安装防病毒软件。

红包骗局：临近年底了，这六类红包不能抢！

需要个人信息的红包不要碰

领取红包时要求输入收款人的信息，比如姓名、手机号、银行卡号。这种可能是诈骗。而事实上，正规的微信红包，一般点击就能领取，自动存入微信钱包中，不需要繁琐地填写个人信息。

分享链接抢红包是欺诈

看到朋友圈分享的红包，比如送话费、送礼品、送优惠券等，点开链接要求先加关注，还得分享给朋友的情况，这种红包涉嫌诱导分享和欺诈用户，点击右上角举报即可。

与好友共抢的红包需谨慎

朋友圈有不少跟好友一起抢红包的活动，要求达到一定金额，比如100块才能提现，玩这种游戏要格外注意，红包页面的开发者是否正规，很可能只是一种吸引粉丝的骗局。

高额红包不可信

单个微信红包的限额是200元，因此如果收到比如"666""888"之类的大红包，基本上可以确定就是假的。

拆红包输密码恐有诈

如果有商家或者朋友发来一个微信红包，拆开时却要输密码，那就要警惕了。因为这很可能是假红包，真正的微信红包在收的时候，是绝对不需要输入密码的。

警惕"AA红包"骗局

业内人士称，此类红包往往对微信AA收款界面进行略微改动，加上"送钱""现金礼包"等字样，让用户误以为是在领红包。

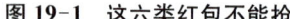

图 19-1　这六类红包不能抢

网警提醒:第三方支付平台一扫码就获取密码或者把钱转走,这基本是不存在的,但是后续的,要求填写资料,点一下别的链接,这个就要谨慎了。不要进行多余操作;不管是扫二维码,还是直接拆红包。

网警支招:一般二维码扫描完红包直接进账,不会有多余的操作,一旦要进入网站,填写信息,下载程序,最好就是直接终止不要操作。无论是微信或者支付宝,转账或者支付操作一旦发起后都是不可逆的,所以最关键的是大家要看紧自己的钱袋子!

二、金融生活防范攻略

(1) 有需要兑换的外币、兑换零钞、兑换残缺污损人民币,要到银行柜台办理,不能轻信"黄牛"。

(2) 妥善保护好身份证号码、银行卡卡号、存折账号、密码、手机号码等个人敏感信息,不要轻易告知他人。

(3) 办理任何金融业务要仔细阅读条款,认真填写相关信息和核对相关内容,如有疑问,应该咨询银行柜台人员。

(4) 凡是提到需要转账汇款、交手续费免费领取奖品的短信或电话,都应引起高度警惕,谨防金融诈骗。

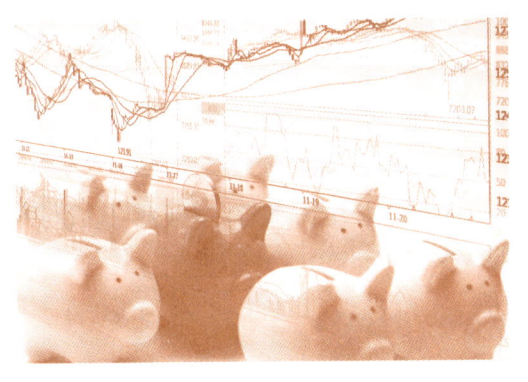

(5) 购买理财产品要选择正规渠道,弄清存款、理财、保险的区别,最好在子女的陪同下进行购买,尤其大额投资最好不要独自当场决定。

(6) 不能相信陌生人的糖衣炮弹,自己拿不定主意时,多找老伴、子女们、信得过的邻居和朋友商议,需要报警时要坚决报警。

(7) 不可产生贪欲,要知道一分耕耘一分收获。

(8) 多看新闻,开拓见识,多看法制节目,对骗局案例要有一定认识,谨防上当受骗。

三、其他防范安全知识

1. 遇到有人要与你兑换外币如何应对？

应在规定的银行办理外币兑换业务,如果有人私下要求兑换,在判断不了外币所属国家和真假的时候,应拒绝兑换,谨防受骗。骗子一般由2~3个人组成,一人伪装成银行工作人员,以秘鲁币来兑换美元等形状类似,且兑换汇率高的币种。有时候兑换货币的工作人员也有外国人参与,居民更要小心堤防,街头诈骗兑换的外币通常是假币或是价值很低的货币,应留心注意。

2. 遇到返还话费诈骗如何应对？

居民如果接到自称移动、电信、联通工作人员的来电,称由于系统故障而导致费用收多的问题,要求用户提供银行账户,便于退款到银行账户,这实则为骗局。这种骗局一般是通过手机、短信联系,称自己是移动、电信、联通的工作人员,称因为通信部门原因而多收费用,需要居民到ATM

根据自动提示来进行操作,这样就可以返回多收取的费用;有时候也会要求提供银行账户,并根据相应提示进行操作,这样的后果就是导致卡里金额被盗刷。

金融诈骗不断"变异",为了避免受骗,结合上述所总结的内容:遇事莫着急,万事先冷静。

> 网络热、电信热、千万不要头脑热。
>
> 查违禁、查违法、电话问答要留心。
>
> 上网页、要转账、银行官网需牢记。
>
> 到银行、想汇款、切记柜员来把关。

老年人理财规划案例

【案例1】

前不久,张阿姨接到自称其孙子英语老师的电话,说她孙子小王在学校晕倒,现在已经送儿童医院。张阿姨接到电话后心急如焚,立刻赶往医院。不久"老师"的电话又来了,说情况紧急,将电话转给了一个自称医生的男子,对方称孩子胃穿孔,要立刻手术,先交5万元押金,这时"老师"接过电话表示钱由她先垫付,同时将自己的账号发给张阿姨。张阿姨立即赶往附近的银行,没有搭理银行员工的问询,直接在ATM上向对方转了5万元,但没想到张阿姨钱刚转好,"老师"的电话又来了,说输血还需要5万元……

张阿姨的处理不妥处:

(1) 接到陌生电话,张阿姨立刻相信了对方。(正确做法是凡是通知家属出事要求先汇款的,一定是诈骗电话。)

(2) 张阿姨心急如焚,失去了基本的判断能力,完全受对方摆布。(正确做法是不管接到任何可疑电话,首先拨通子女电话确认;如果打不通也千万别慌张,可以拨打银行热线电话咨询。)

(3) 张阿姨到了银行没有询问工作人员,独自在ATM上操作转账。正确做法是如有任何疑问可以到银行网点咨询工作人员,千万别自行、独立操作ATM。)

【案例2】

王老伯去国内某地旅游,为了备用,在旅游前特地办了一张信用卡,方便消费。在一个旅游景点内的超市购物时,因身边没零钱,王老伯就用信用卡结账。服务员拿着信用卡在柜台结账,操作时王老伯在看其他产品。服务员要求王老伯输入密码,王老伯当着服务员的面输入密码,没有遮挡,交易成功。之后王老伯再没使用信用卡消费,直到旅游结束回家。到家后,王老伯收到账单,发现在旅行期间,除了在超市的一笔消费外,还发生了多笔消费,交易地点都在境外,而且都是凭密码交易。因为没有及时查收信用卡交易提醒短信,所以未及时发现可疑交易,王老伯意识到卡被盗用了。

王老伯的处理不妥处:

(1) 服务员在操作交易时,王老伯在看其他产品,未做到交易发生时卡不离眼,导致信用卡被复制的风险增大。

（2）服务员在要求王老伯输入密码时,王老伯没有进行遮掩,让服务员有机会知晓其信用卡的密码。

（3）王老伯没有及时查收信用卡交易提醒短信,导致多笔非本人交易发生时,不能及时发现。若王老伯通过信用卡交易提醒短信发现可疑交易,应立即拨打银行官方客服电话办理挂失,以免造成更多损失。

【案例3】

张大妈收到一条短信,短信号码显示为"95566",短信内容说她中国银行的电子密码器将于明日失效,要求尽快登录指定网点进行升级,并在短信中直接附了登录网址。因为张大妈发放养老金的卡就是中国银行借记卡,为了避免后续麻烦,张大妈点击登录了短信中提示的网站,并输入了身份证、银行卡号、银行卡密码、银行卡背面一串数字的后三位。之后张大妈到银行办理业务时,才发现自己的银行借记卡在网上分三天被消费了5笔总计10万元,但由于没有开通交易短信提醒,自己完全不知情。

张大妈的处理不妥处:

（1）中国银行的电子密码器失效后需要至银行网点更换新的密码器,而不会向客户发送短信,让客户在网上升级。

（2）短信中的网址不要随意点击,一般都是诈骗网址或者带有病毒,会盗取手机上的个人信息。

（3）不能在网络、电话或者短信中泄露个人信息,特别是关于身份证、银行卡号、卡号密码、CVV2码（银行卡背面一串数字的后三位）。诈骗分子可以利用这些信息直接在网上消费,造成持卡人的资金损失。

（4）为了提升用卡安全性,建议老年人尽量开通银行卡交易短信通知功能,或开立免费提供短信通知服务的中银"常青树"借记卡作为发放养老金的卡,以及时发现可疑交易。老年人在知晓可疑交易后,应拨打银行客服电话进行挂失,冻结账户资金,避免账户资金受到更多损失。

复习思考题

1. "一卡、二码、三要素""四要三不要"是指哪些信息?
2. 作为普通市民,如何确保账户安全?
3. 面对金融诈骗的不断"变异",如何增强防范意识和措施?

后　记

近年来,伴随着"互联网+"时代的到来,生活中的金融知识发生了很多新的变化,也发展了很多新的应用。而社区中的老年人在生活中的金融知识相对来说比较落后和缺乏,需要学习补充这方面知识的需求日益突显。

2016 年初起,上海市教委、中国银行上海市分行联合开展了"中银常青树"金融常识课程进社区暨金融知识传播者培育项目。项目通过教育培训、专题讲座和知识竞赛等多种方式,将中国银行多年积累的适合市民学习的金融常识开发成为社区教育特色课程,将课程推向各级各类社区教育机构,并在社区培育组建一批金融知识传播者,组建学习团队,为市民更好地科学理财、安全理财提供教育服务。

项目实施以后,收到了非常好的效果。老年朋友迫切希望有一本相对系统通俗的读本。《生活中的金融知识——老年教育读本》正是在这个背景下应运而生的,本书顺应了上海老年教育事业的发展需要,拓展了老年教育特色课程教材的建设。

本书是在市教委终身教育处的支持和指导下,由宝山区教育局牵头,上海立信会计金融学院继续教育学院、中国银行上海分行宝山支行、宝山区老年大学、上海市老年教育教学研究指导中心等单位共同参与编写的。本书本着立足生活,资源共建,优势互补,服务老年人的原则,将高校理论研究与银行实践经验相结合,设计建设老年生活金融知识课程教材,引入社区老年学习课堂,创建政府、企业、高校、社区"四位一体"合作共建的新型社区老年教育新模式。

本书的编写大致经历了以下几个阶段:

2017 年 4 月～2017 年 6 月,全面启动《生活中的金融知识》读本课程建设项目,对生活中针对老年人需要学习和了解的金融知识进行梳理和整理,形成比较清晰的建设思路。

2017 年 7 月～2017 年 11 月,在制定课程大纲的基础上,对社区老年人的金融知识学习要求,对银行业务的实际开展中老年人遇到的问题,进行充分的调研与研讨,结合金融学的基本理论,设计收集《生活中的金融知识》读本教学资料,编写教材。

2017 年 12～2018 年 5 月,完成《生活中的金融知识》读本初稿;组织专家和一线教育工作者参加的评审,对教材做修改与完善,力求深入浅出、贴近生活、通俗易懂;编印试用版教材,在师资培训班上使用。

2018 年 6 月～2018 年 8 月,在上海市各区选点开班试用,进一步听取老年学员的意见和建议;在此基础上再作修改完善,并联系出版社正式编辑出版。

本书由解丹阳、周志坚担任主编,参与编写的人员及分工如下:第一篇由解丹阳、汪生才、周志坚编写;第二篇由陈兵、解丹阳、方莹编写;第三篇由陈志军、朱海春、张燕红编写;第四篇由陈志军、张海琼、朱海春编写;第五篇由张海琼、周志坚编写。

本书在编写过程中,借鉴了中国银行上海分行宝山支行提供的大量素材和案例;同时也参考了国内外许多专业书籍和杂志,不一一说明。在此一并表示感谢。由于编写者水平有限,难免存在疏漏和瑕疵,恳请大家批评指正。